RELATIONAL LEADING

ダイアローグ・マネジメント

対話が生み出す強い組織

ケネス・J・ガーゲン
ロネ・ヒエストゥッド
コーチ・エィ代表取締役 伊藤 守＝監訳
コーチ・エィ 二宮美樹＝訳

Discover
ディスカヴァー

はじめに

「リーダーシップは第一にコミュニケーション・スキルだ」とよく言われる。しかし、コミュニケーション・スキルとはそもそも何なのか？　一見、自明のことのように思えるかもしれないが、そんなことは全くない。実は、近年、「コミュニケーション」の概念そのものが、変わってしまったのである。

「よいコミュニケーション」とは、もはや、リーダーが、「注意深く聞いて、明快に、魅力的に話す」というだけのものではない。このような捉え方は、「メッセージは、一つの脳から別の脳へ移動するもの」というコミュニーションに対するリニア（直線的）な見方が生み出したものだ。これは、すでに廃れたモデルである。

最近わかってきたことは、コミュニケーションとは「お互いに意味を作るプロセス」、すなわち「継続的な調整のプロセス」であるということだ。

「言葉」というのは、「一つの頭」から「別の頭」へと送られる、「意味」が入った「容器」なわけではない。むしろ、私たちが使う「言葉」は、「進行中の互いのやりとり」の中で「意味」を「取得する」のである。

サッカーの試合と同じく、たった一人の人間が結果をコントロールすることなどない。かつて、ロシアの理論家ヴァレンティン・ヴォロシノフは、こう書いている。

「意味は、言葉の中にあるわけでも、話し手の心や聞き手の心の中にあるわけでもない。**意味は話し手と聞き手の相互作用の結果である**」と。

コミュニケーションに対する見方がこのように「個々に参加の機会を与えるもの」にシフトすることによって、リーダーを養成することが、ただ、「よい聞き手」や「よい話し手」にすることからは離れつつある。「人を導くということ（leading）」の極めて重要な材料は、「調整（という行為）のプロセス」への熟練した「参加」なのである。

対話がますます必要になっている

「対話」への関心は、ここ数年、飛躍的に高まり、学術論文、専門書、カンファレンスやワークショップなどで急速に取り上げられるようになった。それには多くの理由がある。

1993年、組織論の第一人者であるエドガー・シャインは、世界が急激に変わり続けていること、そして、その結果、組織が猛烈なスピードで学習しなければいけなくなったことについて書いている。

シャインによれば、「対話」とは、組織において、情報を広めたり解釈したりするための最も重要な手段だという。彼がこれを、コンピュータやインターネット、携帯電話による「コミュニケーションの爆発」が起こる前に書いた、というのは興味深い。

今、私たちは、情報、イメージ、アイデア、意見などの波にもまれて漂っている状態だ。かつてないほどに、組織には、オープンシェアリングや理解や調整が必要とされている。効果的な「対話」が命運を分ける。

同じように、コミュニケーションの爆発的な増加によって、「コラボレーション（協働、共同作業）」の必要性もかつてないほどに高まっている。新しく、高度に複雑な問題の数々は、多種多様な知識を「組み合わせる」ことを必要としている。

文化の壁を越えた「連携（cooperation）」はますます必要になっている。チームは、継続的にイノベーションを生み出すよう求められている。そして、効果的な「コラボレーション（協働、共同作業）」は、「対話のプロセス」から生まれるのである。

対話は中身ではなくプロセス

では、いったい、どのように、人は「対話」に「熟練」するのだろうか？　これは決してささいな疑問などではない。

伝統的な教育は、「プロセス」ではなく、「中身」を中心に築かれてきた。つまり、「知識」を「創造」する「プロセス」に、生徒を「誘う」のではなく、「あらかじめ決まった」知識を伝えることに。

たとえば、学校で、私たちは、科学の原理原則や自分の国の歴史、化学元素、詩や小説や芸術については学ぶだろう。「プロセス」、つまり、何かをしたり、作ったりすることに導かれるのは、特別な状況においてだけだ。この違いは、「それを知っている」と「どうするか（how）を知っている」の違い、であり、「説明」と「行動」の違いである。

この点に関しては、「対話」の本質に関する思慮に富む本はたくさん存在する。「対話」

について教えてくれるだけでなく、意欲的なリーダーへのアドバイスも提供している。これらの本は役には立つが、十分ではない。

たとえばカンリフとエリクセンの2011年の論文には、こう書かれている。

「関係性リーダーは現時点と未来の可能性に対して開かれた心を持ち、『完結させ、既存のものになぞらえて矮小化し、説明し、因果律に従って否定して相手の声をかき消してしまう』対話ではなく、『質問し、挑発し、答え、同意し、異議を唱える』対話を行う……」と。

この考えは的を射ていると思う。しかし、実際に、具体的には、どう「質問し、挑発し、答え、同意」すればよいのだろうか？　たとえば、「質問」の仕方にも、当然、たくさんある。けれど、それらすべてが「連携（cooperation）」を「誘う（invite）」わけではない。

そして、たとえ、私たちが、これらの活動に携わることになったとしても、私たちには、「その次に起こること」をコントロールできることなどほとんどない。もし、あなたの質問が、敵意を生み出してしまったら？　それ（敵意）に、あなたはどう答えるだろうか？

ここが、「説明」も「アドバイス」も失敗するところである。私たちは、「現在進行中の」

プロセスの中を、クリエイティブに（創造性豊かに）進んでいかなければいけないのである。やり方（how）を知ったり、行動したり、作ったり、という「次々と展開している」プロセスの中を。

本書のアイデアが生まれたのは、まさしくこの点においてである。私たち著者二人とも「対話」の理論に携わっているのだが、どうしたらこのプロセスへの入り口を提供できるだろうか？　もっと具体的に言うと、このプロセスに浸ることで、あなたの「効果的に考える」能力は、どのくらい高まるのだろうか？

私たちが今望んでいるのは、読者であるあなたが、これらの対話を、多くの場合はリーダーの役割を演じることによって体験することで、「何が起きているのか」に対して、より鋭敏になることである。

私たちは、「プロセス」に対する「意識」を生み出すことに努めている。そして、対話を「する（行う）」能力だけではなく、同時に、そのプロセスを「モニター（監視）する」能力も生み出すこと。すなわち、（公に）「展開中の会話」について、自分の内側でも会話を行う能力、のことだ。

「対話」について、より深い理解が得られるように、章ごとに、中心的な考え方をいくつか入れている。すべての対話が新しい。まったく同じ会話が二度起きることは決してない。だから完璧な行動ルールもない。しかし不測の事態に備え、ニュアンスに敏感になり、プロセスの展開に従って創意に富んだ思考をすることは可能であり、これらのスキルを育てることが本書の目的である。

私たちが本書に望むこと、それは、リーダーやコンサルタント、および教育者が日々のコミュニケーションの実践に、注意深く「参加」するためのインスピレーション（刺激剤）として、また準備として、本書が役立つことである。

「コミュニケーションをするということ」は、一般的に「ごく自然なもの」、人と関係を持つときには当たり前のものであると考えられている。しかし、組織のリーダーにとっても、あらゆる関係においても、成功と失敗の種は、細部に埋もれているのである。

ダイアローグ・マネジメント◉目次

Chapter 3

組織文化を創る

Chapter 4

チームを率いるということ

Chapter 5

組織変革

Chapter 6

コンフリクト

RELATIONAL LEADING
Practices for Dialogically Based Collaboration

ダイアローグ・マネジメント
対話が生み出す強い組織

Chapter 1

「リレーショナル・リーディング」と「対話」のむずかしさ

あなたは、毎日、職場で、何をしているだろうか？　どのように時間を使っているだろうか？

おそらく、ほとんどの時間、コミュニケーションをしていることに気づくだろう。電話したり、会議に出たり、電話会議に参加したり、同僚としゃべったり、手紙を書いたり、メールを読んだり送ったり、報告書を作ったり読んだり。

要するに、あなたは「対話」に参加しているのだ。これらの対話が取るに足りないことであることはめったにない。対話は、「単なるおしゃべり」でも「最新の事情に通じておくこと」でも「情報を広めること」でもない。

あなたは、言葉でも行動でも、人と関わるという複雑に入り組んだプロセスに参加しているのだ。このプロセスにこそ、組織の未来、「生きるか死ぬか」がかかっている。

「対話」を新しい視点から見なおす

それでもあなたは、こう言うかもしれない。

「対話なんて当たり前のことなんじゃないの？」

普通の会話、「話をする」それだけのことでしょう？　それに、趣旨を明確にしたほうがいいとか、相手が自分の考えを理解できるように、お互い気をつけなければいけない、なんて、みんな知っていることじゃない？　それ以上、大騒ぎするようなことではないよ、と。


しかし、もう一度、考えてみてほしい。あなたには、心から「一緒に話したい」と思う人や、一緒にいるのが楽しい人、一緒だと仕事がしやすい人がいないだろうか？　そして、まあ、少々むずかしい人はいないだろうか？　物事がすんなりと運ぶようには決して思えない人たちのことだ。

あなたの情熱をかき立てる同僚がいる同じ場面で、自信を失わせるような同僚もいる。人との接し方があまり洗練されていない、それどころか気のきかない人もいれば、内気であまり愛想のよくない人もいる。さらに、自分のことしか頭にないようで――「自分が、自分が、自分が」――同僚はしらけて敬遠している人もいる。

人々がどのように対話に関わるか、その多彩なバリエーションに、誰もが覚えがあるはずだ。そしてもちろん、あなたのスタイルも善し悪しは別として同僚から評価されているのである。

この小さな本で、私たちは対話というものを新しい方法で描き出したいと思っている。**この本は、読者が自ら読み、考え、想像し、創造していくように促すものだ。**うまくいけば、本書を読み終えたときにはあなたは、(従来とは) 異なるタイプのリーダー、つまり、日々必要とされているコミュニケーション能力に関して、これまで以上に熟達したリーダーになっているだろう。

本書は、9つの章で構成されている。

最初に、なぜ「対話」が、組織の成功にとって、それほどまでに重要なのかを検討する。

組織が機能するために欠かせない基本認識（論理と価値観）は、対話の中に存在する。今日の組織が直面している状況についても触れる。その状況にこそ、組織について再考する必要性や組織における対話の重要性がある。これらを正しく理解すれば、リーダーシップの実践についてまったく新しい視点を持てるようになる。

私たちはこの新しいアプローチを、「リレーショナル・リーディング（relational leading）」と呼んでいる。その特徴を探っていくことは重要だ。今日のリーダーに求められる新しいスキルはどんなもので、どんな可能性があり、どんな障害があるのか。リーダーシップに対するこの新しい理解は、世界状況の大きな変化と時を同じくして存在している。現代の世界状況において、なぜ効果的な対話の必要性が非常に高まっているのかを考えていこう。

本書は、「関係」と「対話」のスキルを学習し開発したいと思っているリーダーや変革者（チェンジエージェント）などの「実践者（practitioners）」を対象にしている。あなたのコミュニケーション能力の向上を通して、あなたが取り組んでいる、より大きなミッションに貢献できることを願っている。

「対話」と「世界を構成するということ」

なぜ「対話」をこれほどまでに重要視するのか？　ビジネススクールが対話をテーマに取り上げることなどめったにない。

伝統的に、これまでビジネススクールにとって重要だったのは、「論拠」と「事実」だ。目の前にあるものを注意深く観察し、それについて慎重に考えること、それが組織を成功させる基盤だと考えられてきたのだ。

市場、製品、利益、人事、調査、成果などを慎重に考慮すれば、合理的な計画を立てることができる。そして合理的な計画があれば、目標の達成に成功する確率を算定することもできる。もしも目標の達成に失敗したなら、何が間違っているのかを検証して、それを正す。

この従来の考え方においては、「対話」は重要ではあるのだが、あくまでも、自分の見解とそれに関する事実を伝える手段としてのみ重要だということになる。これが、組織を成功させるための伝統的な知恵だった。

ところが、ここ数十年間で、このような仮説に欠陥が出てきた。それだけではなく、実は、この仮説を使い続けることこそが、むしろ組織に害を及ぼす可能性が示されるようになった。

最も重要なことは、対話というのは単に「事後」、何かが起こった後に、その情報を共有するためのプロセスなどではないということ。対話は、組織のまさに命がかかっているプロセスなのである。

どういうことだろう？　よくありそうな事実を取り上げてみよう。

社員の一人、トマスは十分に仕事をしていない。チームミーティングでもあまり発言しないし、仕事をこなすのものろいようだ。組織がうまく機能するためには、トマスを別の人間に取り替えるのが理にかなっている。

しかし、もう一度考えてみよう。トマスの同僚の一人と話してみると、トマスはチームメートの大事な仲間だと言う。トマスは彼の席にやってきては、会社や私生活について話していく。そのことにとても助けられているのだ。彼は貴重な人材だ。

次にトマスの部下と話してみると、トマスは本当に仕事熱心で、自分で決めた締め切りに間に合わせるために苦労しているという。
トマス本人とも話してみると、経営陣によるチームの職務の決め方に実は疑問を感じているが、ネガティブだと見られることを恐れて意見を述べるのを差し控えていたことがわかった。

ここで、次のことがわかる。あなたにとってのいわゆる事実は、実は一つの解釈だと捉えたほうがいい。その他たくさんある「視点」の一つに過ぎないのだ。

存在するのは「事実」ではなく「解釈」

「それは、わかった」と、あなたは言うかもしれない。
「たしかに人間の行動には曖昧なことが多いから、解釈に頼らなければならないかもしれない。しかしたとえば、経済学を取り上げてみよう。経済学なら『厳然とした事実』があるだろう」。

そうだろうか？　かつてのソヴィエト連邦が崩壊し、ロシアが国民国家になったとき、何人もの一流の経済学者が招聘された。豊かな未来をもたらす経済政策の立案を依頼されたのだ。

彼らは、大量のエビデンスを調べ上げ、最新の経済理論を適用し、非常に精巧な数学モデルを使って、この国の将来の計画を立てた。

ところが、このプロセスで、二つのことが明らかになった。

第一に、最も有望な政策は何かについて、経済学者たちの間に大きな意見の不一致が出た。

第二に、最終的に実施された政策は大失敗だったのである。

実際のところ、「経済的事実」も、人間の行動に関する事実と同じくらい、「解釈」に基づいているわけだ。

この世に存在しているものは何であれ、特定のラベル表示が義務付けられているわけではない。あなたが自分の部屋の「ドア」と呼んでいるものは、「穴」や「逃げ口」と呼ぶこともできる。それどころか「ウィリアム」や「サラ」と呼んでもいい。

すべての名前は、オプション（自由に選択できるもの）なのである。もちろん、あなたは、「ドア」と呼ぶほうが落ち着くだろう。それは、もう何年もそうしてきたからで、そして、みんなもあなたに同意するからだ。

しかし、もしも、みんながあなたに同意しないとしたらどうだろう？　もしも、多種多様に違うグループがたくさんあって、あなたが「ドア」と呼んでいるものに対して、それぞれが、独自の呼び方をしていたとしたら？


この時点で、あなたは、こう結論づけるしかなくなる。

あなたの「ドア」は、世界における「事実」ではなく、「描写」のための一つの「慣習」でしかないのだと。

それは世界について語るための、たくさんある方法の一つ。あなたが、あることを「理にかなっている」と考えるのは、あなたの知り合いのほとんどが、あなたの慣習を共有しているからなのである。

世界は「関係」によって今ある形になっている

つまり私たちは、世界を「社会的に構成」しているのである。世界を、「それ」ではなく、「これ」として、共に描写し説明し知るようになるのである。この「社会的に構成された世界」という見方は、現代における大きな変化を象徴している。

人は、伝統的に真実を重んじてきた。世界を「ありのまま」に表すのに、唯一つの、最もふさわしい言葉があると信じてきた。この考え方は、今でも、科学と社会において根強い。

しかし、社会構成主義の立場からすると、**世界は、私たちの「関係」によって、今ある形になっているのである。**何かが存在しているとき、それは、ただ存在しているだけなのである。

しかし、ひとたび私たちが、それを、描写したり説明したりしようとした途端、私たちは、文化的伝統に参加することになる。ただし、その伝統も、その他たくさんあるうちの一つでしかない。

端的に言えば、私たちの言葉は、今現在展開中の対話の中で、直前まで行われていた対話の産物なのである。

対話によって共通の理解が生まれる

さらに、「社会構成主義」の研究が示しているように、私たちは、「事実」の世界、「これが本物だ」と捉える世界を社会的に構成する以上のことをしている。

私たちは、何が道理にかなっていて、何が価値があり何が倫理的かについても理解しているのである。

たとえば、私たちのほとんどが「私的所有権の主張をできること」を「道理にも、倫理にも、かなっている」と考えている。自分が住める場所を持てるのはよい考えだと思う。そうすれば、人々は自分の生活空間に誇りを持ち、その結果、地域社会の安定に貢献するだろうと。そして、他人の所有物を盗むのは道徳的に間違っていると考える。

しかし、その一方で、「私的所有権は公益に貢献しない」と考える非常に精緻な哲学も存在するのだ。強盗をして生計を立てることを、「完全に道理にかなっている」と考えている人々も大勢いるのである。

すべては、あなたがどの集団と一緒にいるのかによるのである。社会構成主義の観点では、何が本物で、何が道理にかなっていて、何がよいのかについての対話は、われわれが生きていく上で基盤となる共通の理解を創り出すために欠かせない。

対話がなければ、私たちは理解するための頼れる方法・手段がないということになる。行動の根拠もないし、正しいとか間違っているとか、よいとか悪いとかという根拠もほとんどない。

実のところ、そもそも組織化できるかどうかは、すべて、言葉と行動を、どうやって集団として調整するかにかかっているのである。

「何が本物か」「何が道理にかなっているか」「何がよいのか」についての基本的な理解、お互いに、だいたいにおいて同じ見解を持つことがなければ、そこに組織は存在しないのである。

組織が直面している課題

組織を創ることは重要だが、対話の重要性は、そこでは終わらない。

ほとんどすべての組織が直面している他の課題について考えてみよう。

●口には出さないものの意見の相違が存在する。 組織のメンバーは、一緒にいるときは、公には合意を表明するかもしれない。だが彼らには、個人的な考えや独自の動機や価値観があり、それらは「公式の合意」とは衝突するものだ。

●合意されたことが組織全体で共有されることはめったにない。 組織の上層部にとっては理にかなっている合意も、すべての階層では共有されないかもしれない。研究開発部門の社員は、マーケティングや人事、事業部門の社員とは、組織に関してかなり異なる考えを持っているかもしれない。

● **組織のメンバーが、強固かつ熱烈に合意に達している場合、その組織は、強い抑圧下にあるかもしれない。** 新しい洞察が入る余地も、視点を変えたり、すでにある合意をかき混ぜるような情報の価値を認めたりする余地もほとんどない。組織の変化が不可欠になったとき、これまでとはまったく違った対話が必要になるだろう。たとえば新しい、独創的なアイデアが必要になるかもしれない。

● **組織は、より大きな社会的環境の中に存在する。** そして、これらの環境との同調性が組織の豊かさにとって不可欠だ。外の世界の考え方と価値観を考慮に入れず、組織の活動について外からの敬意を生み出すことができないと、最終的には、組織は苦境に陥るだろう。

対話の課題は継続的なもので、調整のスキルは組織の未来にとってきわめて重要だ。さらに、これらのスキルの必要性は現在かつてなかったほど重大なものになっている。ちょっと探ってみよう。

「対話」と「コミュニケーションの爆発」

「対話」にまつわる課題は、これまでも組織に常にあった。しかし、その複雑さと重要性にわれわれが気づくようになったのは、まだ最近のことに過ぎない。

この新たな自覚は、社会構成主義が出現したせいだけではない。むしろ、ほとんどのリーダーにとって、その起源は日々の体験、とりわけコミュニケーションの爆発的増加によってもたらされた体験にある。

前の世紀に、私たちは、コミュニケーション・テクノロジーの大変革を目撃した。最初の数十年間には、自動車、電話、ラジオと大量印刷の到来を迎えた。次に、テレビとジェット機による輸送がやってきた。けれども、それらもその後、インターネット、電子メール、高機能の検索エンジン、携帯電話などの到来に取って代わられた。

実際、今日の世界は、人、アイデア、情報、刺激、警告、および価値観の表明の大量かつ世界的規模の移動に特徴づけられる。

それによって、今日の組織は、以下のことに、ますます影響を受けるようになった。

- 従業員の性（ジェンダー）、宗教、民族性における多様性。そのすべてが、構成された世界に差異を生じさせる。
- ますます増加する情報量と双方向デジタル通信（ブログなど）の発展、および多くの情報源から発信される情報の迅速な共有。それらの情報が、どんな行動を取るべきかに関して異なることを示していることも多い。
- 組織の脅威となるかもしれない製品やサービスの短期間での開発。
- 組織が機能できる地域の、地球規模での拡大。それは新たな市場や、新たな地域の（生産基地などとしての）活用を可能にする。
- 役に立つか利益になる提携を結ぶ機会の認識。
- 国民の教育水準の向上。
- 職場における民主主義の価値観の普及が、組織の意思決定へ社員の参加を促す。
- 組織の活動に対する一般大衆の知識が増加し、その結果、組織が世論から攻撃を受けやすくなること。
- 組織の活動に反対する草の根運動の急速な発展の可能性。

●組織の活動に対する政府の知識の増加と、その結果もたらされる介入の可能性。
●組織内における電子制御システムの利用の増加。

これら11のケースにおいて、熟練された対話が、緊急に必要となっている。たとえば、どうすれば、多種多様な社員を結束させられるのか？　不明瞭で常に変化し続ける環境の中で、どうすれば組織は意思決定し需要の変化に対して最大限創意に富んだ対応をし、世論の批判に対処し、社員の権利の要求に応えられるのか？

このきわめて複雑な社会と常に変化する状況を切り抜けて進んでいくのは大変なことだ。求められているのは、多角的な視点からの熟考ができる能力だ。

開かれていると同時に的が絞られていて、「即興」性があると同時に組織化されていて、クリエイティブであると同時に保護的でもある「対話」のことだ。

しかし、どのように言えばよいのか？　何を言えばよいのか？　意見の不一致があったら、どうすればよいのか？　もしもそのような質問に対する答えが時によって変わるなら、どうすればよいのか？

本書が扱うのは、まさにそのような問題である。

組織を作る：「機械論」から「合流」へ

私たちは、過去から多くの伝統を受け継いでいる。そして、生きていく上での指針として、これらをよりどころにしている。同じことが、組織についても言えるかもしれない。私たちは、理想的な組織はどう機能するかについての考えを、よいリーダーシップのビジョンと共に、受け継いできている。

しかし、われわれが現在向き合わなければならないのは、うまく機能している組織と有能なリーダーに関するわれわれの伝統的な理解が果たして未来への賢明な指針なのか？という問題だ。

これまで見てきたように、伝統的な組織に出現している課題は膨大で、それらが必要とする対話のスキルも多岐にわたっている。われわれの主な伝統はこれらの課題に適切に対処できるのだろうか？　私たちはそうは思わない。

私たちの考えでは、現在組織における指針となっている伝統のいくつかは非生産的なだけでなく、長期的には致命的にさえなるかもしれない。まず、うまく機能している組織に関する主要な前提のいくつかを再考し、次にわれわれの伝統的なリーダーシップ観を検討しよう。

20世紀の組織論とは?

20世紀に出現した組織の概念とは、組織を機械とみなしたものだった。すなわち、よく機能している組織とは、機械のような特徴がある。次のようなものだ。

- 別々のパーツ（部品）に分けて組織が成り立っている。そして、それぞれが特定の機能を持っている。（事業、マーケティング、財務、人事など）
- これらの機能（ファンクション）ごとに、特定の必要条件があり、それを満たした個人を採用する。
- インプットとアウトプットの関係の最大化を図る。（利益、効率性、経済性などを達成するために）
- 最適な機能を確実にするために、合理的かつ実証的な査定評価を行う。

この組織を機械とする見方は、特定の状況では非常によく機能する。特に、環境条件が安定していて社員が同質的なときだ。そのような状況では人生の予測が簡単で、合理的な計画がそのまま通用する。

次に、この21世紀に出現しつつある状況について考えてみよう。

社員は、ますます多様化し、いろいろなものが混ざった大量の情報がさらに膨れ上がり、世界の隅々からイノベーションが湧き起こり、環境が求めてくることは流動的である。このような状況の下では、機械的な組織は、深刻な危険にさらされる。

機能（ファンクション）別に分けられた部門は、常に変化しつづける要求と機会から絶えず試練にさらされている。社員は、新しいファンクション（職能）を自分の仕事に急いで組み込まねばならない。何が合理的で何が最適なのかに関するいくつもの相反する見解が、常に私たちに挑戦してくる。

効果的な対話の可能性も、伝統的な組織のあり方によって損なわれる。別々のパーツ(部分)に分割された部門では、同じファンクション内のコミュニケーションなら支持するが、その一方で、ファンクションを越えた知識の交換は阻止しようとする。

社員たちは、個別に評価されるため、どの情報と意見なら喜んで共有するか、について非常に慎重になるかもしれない。決定が、上層部に集中することで、下の階層では、無知や疎外感、疑念が生まれる。

だから、組織に対する新しい視点が求められている。現代のグローバル環境に最も連動した見方に。それぞれの部品がフィックス（固定）されている機械のメタファー（比喩）から、**組織を「水」と捉えた見方にシフトすることが役立つ。**

これは絶え間なく続く「流れ」を強調するものだ。

われわれは特に、合流（コンフルエンス）の概念に惹かれている。「共に流れる」という意味だ。

組織が、会社を取り巻いている周囲と共に流れていることはきわめて重要だ。そして、組織の中にいる社員たちが、お互いに共に流れていることもきわめて重要だ。

ここでは、「区別」は強調されない。環境に対して組織という分け方はしないし、このチームに対してそれ以外のチームもないし、この社員に対してそれ以外の社員もない。われわれは、それよりもむしろ、合流に興味がある。関係の調整に。「結合」に。そして組織が、その一部となった「流れ」の結果として生じた動きに。

「有効な対話」とは、複数の声が一緒に流れていること。それが「合流」の本質である。

組織に「開かれた対話」

もっと具体的に言うと、もし現代の組織が成功するとしたら、情報、アイデア、意見、そして価値観が、境界線を超えて自由に行き来することが必要不可欠である。組織を環境から切り離してはいけない。

組織における、あらゆる領域、あらゆる層が、その外側と開かれた対話ができなければならない。

同じように、動きの自由がその組織における関係を特徴づけるものになっていなければいけない。360度全方位で開かれた対話の機会と環境がきわめて重要なのである。

そして、より広い世界に対して商品やサービスを提供するときにも、同じような対話が維持されることが不可欠だ。

情報、アイデア、意見、価値観が、継続的に流れ続けることによって、組織はその能力を柔軟なものにすることができる。状況の変化に応じて適応したり再適応したりできる。新しいアイデアに対して開かれていて、創造という連携のプロセスに効果的になる。

参加者たちは、対話によって、お互いに、そして、より広い世界と共に動いていくのである。

リレーショナル・リーディング

今日、活気ある組織とは、社内と外の世界との両方で継続的な調整が本質となっている組織のことを指す。

もっとはっきり言うと、対話がスイスイと流れるように行われ、情報と意見が自由に交わされ、お互いに対して尊敬と感謝の気持ちを持っていて、満足のいく成果をあげている組織である。

私たちはリーダーシップのプロセスについても考え直す必要がある。リーダーシップに関するこれまでの古い伝統は、もうあまり機能しなくなってきている。新しい視点が必要とされているのだ。

リーダーシップに関するわれわれの伝統は古い起源を持つ。大規模な組織の初期の型といえば、おそらく軍隊のものだろう。

大勢の男性が、「やるか、さもなくば、死ぬか」という状況のもとで動く。一般的に私たちは、これを「ピラミッド」型と呼んでいる。

行動計画は、組織の最上層で作られ、命令がさまざまな機能単位（歩兵、兵站、医療など）を通じて下の層に伝えられ、大勢の人々が命令を実行する。命令に従わなければ処刑されることもある。計画が成功したかどうかといった情報は、ピラミッドを通じて上へと伝えられる。

現代でも、この「ピラミッド」の考えは多くの組織で受け継がれている。よく言われる「指揮統制」だ。20世紀の組織において最も支配的だった考え方だ。

悪く言えば、「私が言った通りにしろ、さもなくば……」というメンタリティで、恐怖による経営に近い。

しかし、ここ数十年で、この組織構造に対する不満は増え続けている。それは、今述べたようにこの構造が柔軟性に欠けているからだけではない。それによってもたらされているリーダーシップのタイプにおける問題も、ますます顕著になっているからだ。

「ピラミッド」の弊害

組織のレベルにかかわらず、「指揮統制」型の組織は、以下のことを助長する。

● 「非人間的な関係」
「指揮統制」型の組織は、従順な集団を生み出す。そのような組織のリーダーにとって、この集団との間には距離がある。リーダーは「『彼らは』何をすべきか」と考え、たとえば「『私たちは』何をすべきか」とは考えない。この距離を——友情という形で——取り除くことは、命令する能力を落とすことになる。自分の支配下にいる者に共感を抱くことはわずかだ。彼らは距離を置いて生活し、働いているのである。

● 「限定されたコミュニケーション」

よそよそしい人間関係が蔓延していると、コミュニケーションも限定される。ヒエラルキーの中の個人は、それぞれ特定の遂行すべき職務を持っているが、コミュニケーションはそれらの職務に限定されたものになりがちだ。上司から命令を受けてフィードバックを返すが、それ以外のコミュニケーションは組織にとっては、プロセスにかかる「コスト」と見なされることが多い。本当に重要なことから時間と注意を奪うものに過ぎないのである。

●「信頼の欠如」

よそよそしい、感情のこもらない、限定的なコミュニケーションでは、不信の種がまかれる。組織のメンバーはお互いの関係を著しく制限する。このような不信感はヒエラルキーが持つ競争的な性質によって促進される。だれもが自分のことしか考えず、基本的に同僚は全員が自分の幸福の潜在的な脅威であることを理解している。だれも信用できない。

●「クリエイティブな参加」の欠如

もしも主として上司から命令を受けるだけで、自分の仕事は上司の地位を引き上げるために使われるなら、組織に、積極的かつ創造的に参加するインセンティブはほとんどない。求められたことをするだけのほうが将来はずっと安泰だ。

多くの人が、「指揮統制」はもはや過去のものだと思っている。それに合わせてリーダーが、指揮をして統制して全員のために決定するという考え方も廃れつつある。もう一度言うが、現代の活気ある組織とは、内側でも、外の世界との関係においても、継続的な調整にかかっている。対話が流れるように行われ、情報と意見は自由に交わされ、双方に敬意と感謝の念が存在し、効果的な活動が促進されるのである。

ここで描かれているのは、どんなタイプのリーダーシップだろうか？　まさに革命的な概念が求められている。

個人としてのリーダーシップからリレーショナル・リーディングへ

何世紀にもわたって、私たちは、リーダーシップとは、個人の特性や性質だと思ってきた。リーダーには、「よいリーダー」と「悪いリーダー」がいて、前者と後者を見分けることができると信じてきた。

初期には、リーダーをカリスマ的かどうかで見る傾向があった。この影響は、今でも残っている。そして、20世紀になって、フォーカスは「よいリーダーの特性」へとシフトした。現在では、「よいリーダーの特性」をリスト化した本が、文字通り、何千冊と売られている。

しかし、私たちがここまで述べたことに照らしあわせると、これからの時代は、これまでのような個人としてのリーダーシップから、リレーショナル・リーディングという概念に置き換えるべきだと私たちは考えている。

「リーダーシップ」という用語そのものが、一般的に個人のリーダーを意味している。一方で、私たちが提唱する「リレーショナル・リーディング」という言葉には、**「『関係の中』で『未来』へと関わり合いながら効果的に動いていける人々の能力」**という意味が込められている。

そういう意味では、「リレーショナル・リーディング」とは活動である。個人の特性ではない。意味が誕生し、維持され、そして変容するのは、関係のプロセスの中でのことなのである。

そして対立や疎外、組織の機能不全をもたらすのも、貧弱な関係のプロセスなのである。ということは、私たちにとっての挑戦は、この関係のプロセスを、いかに、より豊かに、より強固なものにするかということになる。

最近では、学者や専門家も、関係性をより重視するリーダーシップの概念をますます擁護するようになっている。彼らの著作の重点は明白だ。

求められているのは、コラボレーション（協働、共同作業）、権限委譲、横の意思決定、情報の共有、ネットワーキング、継続的な学習、評価、感謝、つながりやすさである。

これからの未来に成功する組織とは、参加者たちの間で、生産性が高く、活気ある互いのやりとりのプロセスがあること。理想的には、リレーショナル・リーディングは、組織全体で起こっているべきだ。

その意味で、率いるということは上層部だけの問題ではない。共有、サポート、感謝といった実践における効果的な参加は、組織のすべての層で行われなければならない。

それでも、権限を持つ地位に就いている者は、より大きな責任を負っている。それは彼らが組織の下の層の社員たちにとって、モデル（模範）の役割があるからだけではなく、組織が必要としている関係の実現のための施策を始めることができるからである。

権限を持つ者たちは、組織を育て新しい可能性が生まれるような互いのやりとりを教え、誘うことができるのである。

最後に、対話は組織の中心にある。対話の質に、組織が生きるか死ぬかがかかっている。

リレーショナル・リーディングにおいては、対話のプロセスが中心テーマとなる。リレーショナル・リーディングでは、まず関係のプロセスに対する自覚を持つことと「それがどのように機能しているのか」を知る必要がある。この段階では、最新の概念と理論の理解が役に立つ。

しかし同じくらい重要なのが実際的な知識だ。つまり進行中の絶えず変化する対話の中で、その瞬間その瞬間で関わる能力である。理解しても実戦力がないのでは無意味だし、実戦力も概念的理解がなければ限界がある。

Chapter 2

「対話」を理解する

対話のプロセスを理解するために、まず、組織でよく起きることをいくつか考えてみよう。

●あなたのチームの二人の同僚が、3ヶ月間、お互いに口をきいていない。例外は、チーム会議のときだけだ。
●部下の仕事ぶりが平均以下だが、あなたは、彼の家庭生活がひどい状態であることも知っている。
●あなたの激励の言葉にもかかわらず、チームには熱意が欠けている。
●方針の問題に関するあなたの権威に、ある部下が疑問を投げかけている。

どれも難しい状況だ。すべてに細心の注意が求められる。そして、これらはいずれ、必然的にリーダーを対話へと引き込んでいくことになる。「そもそも何を言えばいいのか?」「どのようにそれを言うのか?」「どんな条件が揃えば、よい結果がもたらされるのか?」「どんな力があなたの障害となるか?」

これらはすべて、技術の問題だ。リーダーが何を知っているか? どうすれば実践できるか? これらのスキルを磨くこと、それが、この本が目指していることだ。

共同作業としての対話

すぐに実践に挑戦する前に、準備段階として考察すべきことが二つある。

第一は、「対話のプロセス」そのものである。どうしたらこのプロセスを理解できるのか？実は、対話に関する思想には、重要な新しい進展があり、何世紀もの歴史を持つ旧来の前提に疑問を投げかけている。これらの進展を正しく理解すれば、難しい会話への取り組み方がまったく新しいものに変わるだろう。

第二に、対話という関係の中に入るとき、いくつかの重要な概念を手元に持っていると役に立つ。私たちが今までに対話のプロセスについて書いたものの中から、対話の中を巧みに泳いでいくのに特に役立つと思われる概念を紹介していく。

「対話」の定義

対話に関して書かれたもののほとんどが、理想主義的な内容になっていることが多い。著者たちは、対話とは特別なタイプの会話で、普通のおしゃべりよりも優れたものだと言いたがる。もちろん、対話の概念は誰の所有物でもないので、何を書いても自由だ。

問題は、それを書いている人たちのそれぞれ大事にしていることが違うことだ。ある人は「相互理解」を強調し、別の人は、「新しいアイデアの創造」に重きを置き、また別の人は、「先入観からの解放」を強調する。

実は、これらのどれであっても、ゴールとして価値があると言える。しかし、それらすべてを同時に達成するのは難しい。だから、「対話」を狭く定義してしまわずに、ここでは、広くとりたい。

「対話」とは、「あらゆる形のコミュニケーションのやりとり」。あるいは、より実用的には「あらゆる種類の会話――言葉によるものもそうでないものも含めて」としたい。広い定義を使うことによって、特定の目的を達成するためにどんな種類の会話が役に立つのかを問うときに、より注意深くなれるだろう。

「コミュニケーションのやりとり」とは何か

とはいえ、「コミュニケーションのやりとり」とは何なのかという問題がまだ残っている。話しているときに私たちがしていることは何なのか？　これはささいな問題などではない。

この問いに対して、西洋文化では数百年間にわたって同じ答えを共有してきた。その答えは、形式的には「間主観性」と呼ばれる。「お互いの頭の中にあるものを理解すること」と言ってもよい。

この常識によれば、私たちは考えや感情、意見などを「頭の中で」運んでいて、それらを言葉の中に入れようとする。他の人に、これらの言葉を話したら、相手はそれを解読しなければならない。つまり、相手はそれらの言葉が表している「私の頭の中にあるもの」を把握しなければならないのである。

だから対話は、たとえば「はっきりと」とアドバイスされたりするわけだ。自分が意味していることを、相手が正確に理解できるように。また「注意して聞くように」というアドバイスも受けるが、それは意味があいまいなことが多いし、相手が何を意図しているのかを正確に知ることが重要だからである。

しかし、最近の研究が証明しているように、これは不可能なコミュニケーション観である。**他人の頭の中にあるものを知ることなど、私たちにはできないのだ！**

その代わりに、新しい、重要な手法がもたらされている。

最初に、伝統的な考え方の何が問題なのかを見てみよう。この点に関して言うべきことはたくさんあるが、何が問題なのかを理解するためにやっかいな哲学的問題をいくつか考えてみよう。

●「言葉」に移される（表現される）前の「考え」とは、正確には何なのか？
●「考え」は、一体、どのようにして言葉に「翻訳（変換）」されるのか？
●同僚のマーティンが話しかけてきたとして、彼の言葉が、本人の頭の中で何を表しているか、どうしてわかるのか？
●マーティンが何を意味しているのか、どうすれば、明確にわかることができるのか？

これらの哲学的問題のどれも、いまだに答えは出ていない。

われわれは、これまでのアプローチを手放して、対話についての新しい見方を探ることを提案する。

もし、対話の意味がそれぞれの個人の中ではなく、共同作業の一部なら？

対話は共同で達成される

意味は、たった一人の人間の言葉の中にあるわけではない。むしろ、意味というのは共同作業の中で生み出される。そこに一緒にいる人たちによって創り出されるパターンなのである。

マーティンの言葉だけでは不完全なのだ。相手の行動があって初めて、それに意味がつく。また一方で、マーティンの言葉がなければ相手の反応もまた意味がない。

彼らの意味は、共同で構成されたものなのだ。タンゴを踊るには二人必要なのである。

原則として、意味が固定されることは決してない。対話に参加している人たちが何を意味していたとしても、会話が展開中である限り、その意味には、継続的な変化の余地が残されているのである。

対話を共同作業と捉えるこの視点は、対話のスキルに熟達する上で重要な意味を持っている。

たとえば、もし会話がうまくいかないとしたら、その失敗は共同で達成されたものなのだ。あなたの友好的な発言は、相手がそのような意味として認めたときにかぎり友好的なのである。相手の失礼に見える発言も、あなたがそのように扱わなければ失礼にはならない。

あなたには選択肢がある。同様に、会話がうまくいくのは話している双方がそれを成功させることに参加するときだけである。

リーダーシップに関しても、たった一人でリーダーになれるわけではないことがわかるだろう。部下に対するあなたのアドバイスは、部下がアドバイスとして扱わなければアドバイスとは見なされない。

この意味で、リーダーシップは共同で達成されるものなのである。だからといって、あなた一人だけではスキルに熟達することはできないというわけではない。タンゴと同じで一人で踊ることはできないが、ひとたびダンスが始まれば、スキルの有無がダンスの成功を左右するだろう。

対話の鍵となるコンセプト

私たちが実際の「対話」に立ち向かうときに重要な7つのキーコンセプトがある。

❶現実を構成するということ

対話とは、私たちが何を現実とし、何を道理とし、何をよいとするかを創り上げるための最も重要な手段である。

リーダーであるあなたは会話の口火を切ることが多いだろう。多くの場合、周りの人はあなたが話題を切り出すのを待っていることだろう。そのような瞬間を、たとえばそれが挨拶であれば、ささいなことに思えるかもしれない。あるいは、新しい経営計画であれば、極めて重要な瞬間だと感じるだろう。

いずれの場合にせよ、そこでの選択が、その後の展開に大きな違いをもたらす可能性がある。上手なスピーチの仕方を書いた本はすでにたくさんあるし、ここでそれらを論評しようとは思わない。しかし本書で示されている方向性から導かれる重要な教訓が一つある。それは、

あなたが、「話し手」として行動するとき、
あなたは、相手を「一つの現実」と「一つの生き方」へと「招待」している

ということである。

例を挙げて説明しよう。たとえば、あなたが部下に向かって「おい、先月の出荷報告書を持っていると思うけど、それについてどう思う?」と話しかけたとする。単純に言えば、この発言は「出荷報告書」と「それが組織にとって重要なものだ」という現実を創り出す。

しかしもっと微妙な言外の意味について考えてみよう。

まず最初に、この部下は非人間的に扱われていると言える。「おい」と呼ばれていること

の部下は、一人の完全な人格を持った個人としての思いやりや認識は受けていない。
こうして、あなたは、この組織の非人間的な生き方に貢献する。

さらに、この部下は報告書に対する意見を持っているべきであることも知らされる。もしかしたら、彼がこの可能性を考えたことはなかったかもしれない。上司からのこの質問が、彼に何をすべきかを創り上げたのだ。

さらに言えば、このような質問を投げたという事実が、あなたは相手よりも上だという関係を構成するのである。

最後に、この質問は厳密にはどんな答えが求められているのか明らかにしていない。部下は推測しなければならないという不安な立場に置かれ、しかも間違うかもしれないのである。

一方で、対照的な、別のアプローチを考えてみよう。

たとえば、このように言ってみたらどうだろうか？

「おはよう。調子はどう？　ところで、先月の出荷報告書を持っていると思うんだが、もしよかったら、君の意見を聞かせてくれないか？　どうしたら、会社の輸出の売上を伸ばせるか、君のアイデアを聞けたら本当に助かるんだが」

シンプルなリクエストだが、これによって、組織は彼の意見を重視していると部下に知ってもらうことができたかもしれない。もちろん実際には、この質問の意味をどう受け取るか、は部下本人の返答にかかっているわけだ。

❷関係のシナリオ

あらゆる会話が、馴染みのものである点と唯一無二な点の両面を持ち合わせている。馴染みのものなのは、その会話が、過去の慣習から借りてきたものだからだ。実際のところ、もし会話の参加者が慣習を共有していなかったら、そもそもコミュニケーションを取るのは難しいだろう。

それと同時に、その会話が唯一無二なのは、歴史や状況が常に変化し続けているからである。たとえば、同じ言葉でも二度目に話されたときには、一度目と同じ重要さは持たない。理由は単純で、それが繰り返された言葉だからだ。

しかし、ここでは慣習に焦点を絞ることにする。単純な例を挙げよう。あなたが同僚の業績を誉める。相手は「ありがとう」と答える。ありふれたパターンだ。誉め言葉に感謝で応えるのは文化的な慣習である。もし誰かが誉め言葉に沈黙で応えたら、あなたは驚くだろうし、怒るかもしれない。

このような慣習的なパターンを「関係のシナリオ」と定義しよう。参加者はそれぞれ調整のパターンに貢献する。

実のところ、誉め言葉が誉め言葉になるのは、感謝の返事によってなのである。そして感謝の返事がそう定義されるのは、誉め言葉の次に続くものによってなのだ。

他のよくあるシナリオには以下のようなものがある。

A：質問する
B：質問に答える

A：提案する

B：提案に反対する／賛成する

A：援助を要請する

B：援助を与える

A：肯定的な報告をする

B：喜びを表す

これらのシナリオを、小さなドラマと見ることもできる。一つの行為は、その次に来る行為を予見させる。

もし、Bの返事が下品な冗談や自分の子供時代の説明やラップランドの天候状態の報告だったりした場合、その先がどんなものになるかを想像してみれば、このような単純なシナリオでも、それが持つ力をいくらか感じ取ることができるだろう。

現実に、日常生活が、なめらかに円滑に進んでいるのは、第一に、私たちが、なじみの続きを単純に繰り返すからなのである。

しかし「リレーショナル・リーダー」としてこれらのパターンを認識することは重要だ。

リレーショナル・リーダーは、ただ単に、起こるがまま、人生に身を任せるようなことはしない。**「どんな人生を生きているのか」を自覚する。**なぜなら、彼らが、どこへ導くかによってシナリオは大幅に変わるからだ。

特に、以下の3つのシナリオを区別することは重要だ。

「生成」のシナリオ
「維持」のシナリオ
「退化」のシナリオ

▼「生成」のシナリオ

「生成」のシナリオでは、対話の参加者の両方が、お互いの貢献を増築していく。言い換えれば、会話が、「どこか新たなところに行く」のである。そこには、「学び」があり、「クリエイティビティ（創造性）」があり、そして多くの場合、「わくわくした感じ」がある。

「生成」のシナリオの一例を示そう。

サマンサ：私たち3人全員がこの人と面接するのがいいと思うわ。

ガス：ああ。でも、別々にやるのがいいと思うよ。
ロバート：僕はランチに連れて行こうかな。そうすれば、打ち解けた場でどんな感じかわかるだろう。
サマンサ：じゃあ、わたしは、飲みに連れて行けってことね。（全員が笑う）

▼「維持」のシナリオ

「維持」のシナリオとは、よくある日常的なやりとりだ。それによって組織は、これまでと同じやり方で続けることができる。

「やあ、調子はどう？」に「ああ、いいよ。君はどう？」と続く簡単な挨拶は「維持」のシナリオだし、一日の終わりの「さようなら」や「どうぞ」と「ありがとう」、それに簡単な頼みごととその実行もそうだ。「世間話」と呼ばれるものも同様だ。結論を出す必要はなく、軽く丁寧で、時には冗談でも言えば十分である。

だが、「維持」のシナリオの重要性は過小評価されがちだ。取るに足りないもの、「重要なこと」にとっての単なる舞台裏（背景）に過ぎないと。

しかし、「維持」のシナリオは、いろいろな意味で、組織を結びつける関係の「接着剤」の役割を果たしているのである。

▼「退化」のシナリオ

「退化」のシナリオは、組織文化にとって最も破壊的なシナリオだ。これらは、組織を、敵意、沈黙、あるいは完全な関係断絶へと向かわせるシナリオである。最初は気づかない程度かもしれないが、ある時点で止めないと関係がひどく傷つくことになる。以下に例をいくつか示そう。

A：提案する
B：提案を攻撃する

A：命令する
B：むっつりしているか、抵抗する

A：ある地位を欲しがる
B：同じ地位を欲しがる

A：悪い結果に関してBを非難する
B：その結果に関してAを非難する

これらの相互のやりとりはあまりにもよくあるので、名前をつけることすらできる。右から順に議論ゲーム、命令と抵抗のゲーム、競争のゲーム、および非難のゲームと呼ぼう。このような「退化」のシナリオについては、後の章で重点的に扱う。

❸会話の選択地点

ほとんどの対話のやりとりが、長年受け継がれてきた「慣習」や「シナリオ」を演じたものだ。何度も言うように、繰り返しはコミュニケーションを可能にするためにある程度必要不可欠なものである。

しかし、それが問題となるのは、その組織によくあるシナリオが、あまりにも当たり前のことになってしまったときだ。こうなると、「他にも方法がある」とは考えられなくなるからだ。この慣習の土着化は、「退化」のシナリオの場合、特に重要になる。

たとえば、もし、誰かがあなたを攻撃したとする。それに対して自分を守り反撃するのは、当然の人間の特性ではないか？

それは、違う。それは人間としての特性ではなく、われわれの文化の特性だ。シナリオは、文化的な伝統に依存するのである。

となれば、「会話の選択地点」というもう一つの重要な概念を導入する必要がある。これは、大まかに言えば、「どんな発言であれ『この後に、何が続くべきか（次に続くもの）』を強制するものではない」ということである。

あなたには、常に「選択肢」がある。たとえそうするのが困難なときでも。

ただし、「関係のシナリオ」は、長期にわたって続くことが多い。したがって、バリエーションも生まれる。数多くのバリエーションに通じているほど、会話の最中に、行動するための選択肢も多くなる。

たとえば、上に挙げた「非難のゲーム」を取り上げよう。Aが、失敗したのはBのせいだと非難し、BがAを非難することで応じる。よくあることで、ほとんど普通のことだ。そして原則的に、非難のゲームに終わりはない。AとBは、常に相手の責任にする方法を永久に見つけ出し続けることができる。そしてその間ずっと、彼らの敵意は増していく。

しかし、次の可能性を考えてみよう。

Aが、失敗したのはBのせいだと非難する。
Bは次のように応じる。

●謝る
●非難の一部は受け入れる
●その非難はなぜ正当化できないのかを示す
●Aに、なぜだれかを非難する必要があるのか聞く
●この状況を軽視する
●黙り込む（沈黙）

読者のみなさんなら、他にも対応の仕方を挙げることができるだろう。もしかしたら、簡単なブレーンストーミングで、まったく新しい可能性を作り出せるかもしれない。たとえばBは非難ごっこをすることの危険性を指摘し、この状況に対処する他の方法がないか聞くこともできる。

重要なのは、「非難し合う」のは「フィックスされた（定まった）」シナリオなどではないということだ。

このゲームを「するか、しないか」、あるいは、「どのようにプレーするか」を、あなたは、いつでも選択できる。ある「選択地点」はある組織にとって、それ以外よりもはるかに有益だったりするだろう。

会話の「方向性」を向けたり、向け直したり、といった可能性は、意味が本来持つあいまいさによっても上昇する。

注意深く検証すれば、どんな「発せられた言葉」にも、常にあいまいさがある。そこに含まれている意味は完全に明白ということはない。

その理由は、主として、私たちの言語のどんな言葉もすべて、多くの異なる状況によって異なるものを指し示したり、異なる結果を達成するために使われたりしているからだ。

その言葉が何を意味するのか？

すべては状況次第で、しかも状況は常に動いている。このあいまいさが、進行中の対話では非常に重要になる。なぜなら、それは、常に

（1）「誤解」の下地になる。

と同時に、
（2）「柔軟性」という余地を与えるからである。
本書では、主に、二番目に焦点を当てている。

その理由は、**熟達した対話は、このあいまいさを利用することにかかっていることが多いからだ。**たとえば、誰かが、辛らつとか残酷に思えたり、不当だとか関係を悪化させると思えるようなことを言ったりしたときでも、いつでも、その意味は変わる余地がある。

対話の成り行きは、常に連携の結果だ。

口に出された言葉は、相手がどう反応するかから意味を取得する。だから、たとえば「君は失敗した」という言葉も、何ら明快な意味を持っているわけではない。

「あいまいさ」を利用して、その言葉を以下のように定義することもできる。

- 出来が悪かった。
- いつもほど出来がよくなかった。
- ここには改善の余地がある。

後の二つの意味は、本人にとっては言うまでもなく組織の将来にとっても、ずっと期待が持てるだろう。

❹ポジショニング

現代コミュニケーション学の中心的な概念に、「ポジショニング」がある。その基本的な考えとは、話すとき、私たちは常に二つのことをしているというものだ。それとなく「自分自身を定義」し、そして、「他者を定義」しているのである。

同僚があなたに、

「少し時間があったら、わたしの質問に答えていただけますか?」

と言った場合を考えてみよう。

単純だが、もう一度読んでみると、こんなことが見えてくる。

この一言は、あなたの同僚を「あなたに対して質問をする権利あるいは許可をもっている人」として定義している。そして、あなたのことは「(それに)答えることができる、あるいは、答える義務がある人」として定義しているのである。

もっと細かいところでは、あなたに「時間があったら」と聞くことによって、あなたは忙しい人間で、申し出を断る権利も持っていることを、同僚はほのめかしているのである。

ポジショニングの概念をさらによく理解するために、次の二つの言い方の違いについて考えてみよう。

「これを明日までに終わらせてほしい」

と

「明日までに完成しているとありがたいです」

最初の言い方は、話し手を相手に対して「命令し、評価する権利を持つ者」と定義している。二番目の言い方は、話し手はより対等な立場で評価もしない。どちらも頼んでいることは組織の利益になることだ。

もう一つ、対照的な例を示そう。

「あなたにお願いしているのは、あなたが専門家だからです」
と
「あなたに頼んでいるのは、あなたがその情報に責任があるからです」
だ。

最初の言い方が、あなたを尊敬されていて優れた実績を上げている人物として定義しているのに対し、二番目の言い方は、あなたの知識を疑っている。あなたはまだ自分自身の能力を証明していないのだ。

対話は「共同作業」であるという先ほどの議論を思い出すと、私たちの発言は、話し手と話しかけている相手の両方を定義するかもしれないが、それも、相手の協力があってのみそうなることがわかるだろう。

つまり、あなたが自分自身と相手のポジショニングに成功するかどうかは、相手がどう返答するか、に大いに依存するのである。

同僚があなたに「これを明日までに終わらせてほしい」と言った例をもう一度考えてみよう。

これは、話し手を「命令する人」、あなたを「従う人」と位置づけているように見える。
しかし、あなたが以下のように返答したら、あなたと彼の位置づけはどうなるだろう?

「無理だよ。今は他にやらなければいけないことがたくさんありすぎるんだ」

「冗談だろ。ロボットじゃないんだぞ」

「それは、上司に確認する必要があると思います。それを終わらせるために私たちが仕事の順番を変えたりしたら、彼は本当に怒るでしょう」

どの返事も、「あなたに指示をする権限がある」という話し手の最初の主張を否定している。つまり、あなたの発言は「わたしは、あなたから命令を受ける立場にない」ということを示しているのだ。

しかし、もう一度言うが、これが会話の終わりというわけではない。おわかりのように、会話には、「有利な立場に立つための継続的な操作」が含まれていることがある。「あなたは何者か」と「わたしは何者か」は絶え間ない交渉にさらされがちなのだ。

❺二重の関与

あなたがこれまでに説明したさまざまな概念の重要性を理解しているなら「二重の関与」というきわめて重要な考え方に対する準備ができていることだろう。

まず、自分が他者の話をどのように聞くか考えてほしい。

お互いに注意を払っているとき、普通は、一つのことだけに関与している。つまり、私たちは中身に注意を払っているのだ。

誰かが何かを教えようとしていたら、私たちは、それをどうやって進めていけばいいかを理解するために聞く。誰かが会議で起きたことを説明しようとしていたら、その説明を聞く心構えをする。

実際私たちは、言葉を、「相手が『世界』について何と言っているか」という観点から理解しようとする。

これは「聞くこと」を「単一のもの」と捉えるのに関係している。伝統的なコミュニケーションの専門家たちが、「明確さ」とか、「簡潔さ」とか、「一貫性」を重視するのは、このためだ。

しかし、関係の視点に立つと、私たちは「聞く」について、二つ目の側面（dimension）を追加しなければならない。

哲学者のＪ・Ｌ・オースティンが１９７５年の著書で次のように述べている。

「われわれは言葉とともに行動する」

すなわち、私たちは他の人と共に、何かを成し遂げたり失敗したりするのである。

「関係のシナリオ」や、時間とともに次々と起こる会話の慣習の連続のことを思い出してほしい。

だれかがあなたに質問をしたとき、その人は、質問の中身だけを伝えているだけではない。あなたは、答えを与えるように誘われているのである。

ある意味、その質問は、あなたに何かをしているのである。あなたにある種の行動を起こすように要求しているのである。

もしあなたが答えれば、二人は、「質問／回答」のシナリオをうまく演じ終えたことになる。

「二重の関与」とは、中身だけを聞くことだけではない。わずかだが、暗黙のうちに誘われた「つづき」を聞くことも意味しているのだ。

もう一つの例として、先ほどのポジショニングの話を思い出そう。もし同僚に、「わたしの代わりにこの申込用紙に記入してもらえる?」と言ったとしたら、あなたはその言葉と一緒に何かをしているのである(この場合だと、自分自身を、同僚に対して権限を持つ者として位置づけている)。

そして、自分自身を「相手に対して権限を持つ者」として扱うことによって、同僚にあなたに協力するよう誘っているのだ。

そうやって、「二重の関与」では、あなたは「中身」と「結果」の両方にチャンネルを合わせる。相手が「言ったこと」の「中身」だけでなく、「関係についての言外の意味」も聞いているのである。

「わたしはどんなシナリオに『招待』されているのだろうか?」「それは、二人の会話にとって、よい方向なのか?」と。

結果を聞く中で現時点だけに焦点を当てるのでは十分ではない。長期的な影響も考慮する必要がある。たとえば、一緒に働いている誰かから、露骨な、または容赦のない批判の対象になったことがあるなら、長期的な結果というものがあることを知っているだろう。

もちろん当座は取り繕うことができるし、重要ではない出来事として扱うこともできる。しかし、そのような出来事は、非常に長期間にわたって消えずに残りがちで、二人の間に距離が生じ、それが、あなたの会話にも影響を及ぼすだろう。

「二重の関与」では、「聞き方」だけではなく、「ふるまい方」にも注目する。となれば、リーダーとして、次の質問に答えることが重要になる。

●あなたの言葉は、どんな反応を引き起こすだろうか？
●どんなタイプの「シナリオ」を始動させるだろうか？
●「短期」と「長期」の両方で、どんな結果になるだろうか？
●組織の中で、あなたはどんな関係を創り出しているだろうか？

❻多元的存在

組織論の研究者たちは、「組織文化」について書くことが好きだ。彼らは、組織が助長している生き方は組織によって異なるというよくある体験に注意を促している。社員の間に激しい競争が存在する組織もあれば、協力的な組織もある。社員の間の関係が疎遠でよそよそしい組織もあれば、温かくて居心地のいい組織もある、などだ。対話の観点で見ると、これは、組織が、それぞれ好みのシナリオを発展させていることを意味する。つまり、組織で共有されている慣習的な話し方のことだ。

ある程度までは、これらの慣習は組織の円滑な運営に不可欠だ。しかし同時に、それらはイマジネーション（想像力）を制限する傾向がある。同じシナリオを、何回も何回も繰り返すのだ……あたかもそれが自然なことであるかのように。

「退化のシナリオ」が採用されている場合ですらそうだ。言い争い、非難し合い、口をきかずにお互いを締め出し合い、命令し合う。これを続けていくのが最善の方法ではないことはわかっている。それでも続けてしまうのだ……。

このような落とし穴を避けるのに非常に役立つ概念の一つが、「多元的存在」という概念である。私たちが関係に持ち込んでいる膨大な「潜在能力」の宝庫のことだ。友人、親、子供、恋人、あるいは非常に尊敬されている人やウエイターなどとの会話の仕方はだれでも知っている。

あなたがもしも役割を演じるように頼まれたら、赤ん坊の真似をしたり、小さな子供のように振る舞ったり、若者の俗語を使ったりするのに、ほとんど困難を感じないだろう。やってみろと言われれば、敬虔な司祭、海外からの訪問者、セールスマン、乞食、退屈な教授、軍人などの役を演じるのも簡単だろう。

あなたは、あらゆる関係に、「多元的存在」という膨大な数の「潜在能力」を持ち込んでいるのである。

もちろん、ほとんどの関係で使っているのは、これらの可能性のごく一部だけだ。たとえば、子供と一緒にいるときは、大人と話すときとは別の「潜在能力」を使っているだろう。しかし、このような慣習は限界をもたらすものであることを認識しておくことも重要だ。

「慣習的なシナリオ」を演じているときは、別のやり方もできるということを、ほとんど意識できない。「多元的存在」という概念は関係において何が可能なのかについての私たちの意識を拡大するためにデザインされたものだ。

とりわけ、「退化のシナリオ」の成り行きを変えられるクリエイティブな行動を誘う狙いがある。激しい口論や非難ゲーム、お互いに避け合うなどの状況をどうしたら防げるか、新しく考え直すことを促すためだ。

あらゆる「選択地点」で、私たちにはどんな行動を取るかの選択の自由がある。「多元的存在」としての能力を自覚していれば、選択の幅はきわめて大きいことがわかるだろう。これらの可能性については、次章以降でさらに詳しく考察する。

❼体現——社会的「演技」としての言語

本書は、対話の中で語られること（「何が言われたか」）に重点を置いている。「何を言うか」は、組織の生き残りにきわめて重要だが、「どう言うか（言い方）」も大きな違いを生み出すことがある。

「お詫びします」というフレーズについて、あなたにできるあらゆる言い方と、それによってもたらされるさまざまな結果について考えてみよう。

このフレーズをささやき声で言ってもあまり謝罪とは受け取られないし、大声ではかすかに怒りがこもっているように見えるかもしれない。あざける調子で言うのは、謝罪のつもりがまったくないことを示している。

簡単に言うと、私たちの言葉が体現されているのである。お互いに話しているときは、体全体で演技しているのだ。そして舞台俳優と同じように、上手に演じることもできるし、下手に演じることもできる。

さまざまな俳優が次のせりふをどのように演じるか、ちょっと想像してみよう。

「それはよい考えではなかったと思うよ、カール」

ある俳優は、いかめしい顔をして耳障りな声で言い、別の俳優は、同じせりふをほほえみながら軽い調子で言う。さらに、3人目の俳優は、「それ」を強調して言ったとする。これらの演技が、それぞれどんなシナリオを引き起こすか、その結果がどうなるかを考えてみよう。

最初の俳優は、カールを「目下の者」と位置づけている。たぶんカールは謝って、もっとうまくやれるように努力するだろう。

二番目の俳優は、起きたことを笑うようにカールに促し、ことによると、起きたことに関する議論に参加できる対等な関係にカールを位置づけている。

三番目の俳優は、「それ」という言葉を強調することによって、カールはだいたいにおいて高く評価されているが、「今回は」間違いを犯したことを示唆している。しかしお互いの尊敬の念はまだ残っている。

「体現」の概念は、顔の表情や声の調子にとどまらない。ジェスチャーや体の動きもより広く考える必要がある。

たとえば、姿勢は内容よりも大きな影響を与えることが多い。どこに体を置くかも影響を与える。

これらもあなたのアイデンティティとあなたが相手に何を期待しているかについて暗黙のメッセージを伝えているのである。

以上7つのキーコンセプトは以降の章で重要な役割を果たす。

私たちは、これらが組織の日常に取り入れられ、「リレーショナル・リーディング」のプロセスを進める上で、役に立つように願っている。

Chapter 3

組織文化を創る

どこかの組織を訪ねたとき、入口を入ってすぐに、何かを感じることがあるだろう。どこか冷たくて、少し警戒しているような、そこの社員たちの視線だったり、弱弱しい挨拶だったり、あなたを部屋に案内するときの対応が、杓子定規で堅苦しかったり……。

これこそが、今まさに工事中の「組織文化」である。「組織文化」とは、そこに所属するメンバーたちが共有している生き方のこと。そして、世界中の多くの文化と同じく、組織によって、その「生き方」が、劇的に違っていたりするものだ。

したがって、すべてのリーダーが尋ねるべき問いとは、次のようなものだ。

「私は、どういう文化の一部になっているのだろうか？」

「私は、その文化にどう貢献しているのだろうか？」

「この文化は組織のメンバーと会社のミッションにとって有益か？」

「この文化のよい点はどんなところか？」

「どうすれば、この文化を、さらによいものにできるだろうか？」


組織のリーダーたちは小さな世界を作っている。そして、その世界がどんなものになっているかという問いは、その組織のメンバーにとって究極的な価値がある。


「どんな種類の世界に、あなたは貢献したいだろうか？」

「あなたが今その形成に寄与している組織の生き方を誇りに思っているだろうか？」

組織文化は対話から生まれる

「組織文化」とは、主に対話の産物である。お互いに話すときの話し方やその内容。文化の創造は、最も小さな行為の中に見出せるだろう。温かみのある挨拶や玄関で交わされるほほえみ、話しているときに注目してくれることなど。

これらは、「維持」のシナリオの土台となるものだ。これらの小さな会話のやりとりが、さらに他の小さな思いやりのある行為の種をまく。机には春の花が置かれ、談話スペースには焼きたてのクッキーがあり、みなが誕生日を覚えていてくれる。

これらすべてが、今まさに製造中の組織文化である。しかし、中心となる軸は、その組織文化の方向性を形成する、さらに範囲の広い複雑に入り組んだ対話である。

この第3章では、そのような対話について取り上げたいと思う。それによって、さまざまな対話の力学に対するあなたの認識と、どんな会話を選ぶことでどんな結果がもたらされるのかに対する理解を深めることが狙いだ。

特にここでは、共同行為のプロセスに注力している。すなわち、会話の参加者たちは、そこで浮かび上がる「真実」「道理」「価値」に共同で貢献しているのである。意味を作るプロセスでは、全員がお互いに依存し合っているのである。

小さな瞬間が大きな結果をもたらす

組織文化とは、そのほとんどが、私たちがお互いにどのように話しているかを通じて作られるものだ。「ちょっとしたやりとり」が長い時間をかけて蓄積され、組織文化全体に大きな影響を及ぼす。

朝の、同僚へのさまざまな挨拶の仕方を考えてみよう。

- やあ、調子どう？
- おはよう、ジョーン。元気？
- 楽しみにしているよ、ジョーン。
- （満面の笑みを浮かべて）おはよう、ジョーン！

それぞれの違いは小さく、重要ではなさそうに見える。

しかし最初の挨拶は個人名が出てこない一般的なもので、ジョーンには非常によそよそしく聞こえるかもしれない。

二番目は、ジョーンに注意を向けて、あなたも彼女の返事にちゃんと応えたときのみ好ましい結果を生むだろう。

三番目は仲間意識を生み出すかもしれない。

そして四番目は、ジョーンが他の人たちとの関係にも持ち込むような、楽しい気分を生み出すだろう。


もちろん組織文化に寄与するには、さらに範囲の広い対話が不可欠だ。もっと複雑なケースを見てみよう。

ここまでは、組織文化を、多かれ少なかれ均一なもので、全員が同じ文化の一部であるとして扱ってきた。しかし実際にはそうではない場合が非常に多いのだ。

多くの組織が「多重文化」だ。組織のいたるところに、違う生き方が存在するものだ。

そうなると、リーダーにとっての課題は、仕事をする上でプラスに働く関係へと社員たちを導くような対話に貢献することになる。

これは、職場の文化を同質化しようとしているわけではない。違いに対する敬意は極めて重要だ。しかし、虹を七色に輝かせるのは、対話の種類に対する繊細さである。

こんなケースはどうだろう？　あなたは多国籍企業で働いている。そこには、いろんな国籍の社員がいるため、ワンパターンの挨拶をするわけにはいかない。

●ドイツ人社員をファーストネームで呼んだら、なれなれしすぎると見なされるか？
●また別の社員が、あなたの国では、あり得ないほど長い名前だったらどうする？

「連携」と「流れの合流」を重視する私たちの観点からすると、一番いいのは、本人に聞くことだ。「あなたは、どう呼ばれたい？」と。多文化から組織文化を創ることは、多種多様な人々と多種多様な会話をすることを意味するのだ。

では、状況を、もう少し複雑にして考えてみよう。リレーショナル・リーダーとして、あなたは、組織の中を回っているさまざまな意見に周波数を合わせたい。特に、みんなが組織そのものについて何と言っているのか？　組織の方針について何と言っているのか？

あなたのリーダーシップについて、何と言っているのか？　彼らは同じ船に乗っているのか？　それとも、不協和音（衝突）があるか？

次に、教師の間で何が起きているのかが気がかりなある校長の立場になってみてほしい。

ある公立校の校長が、最近、教師たちの仕事のしかたを大きく変える方針を作ったとする。その方針は、教師たちの教え方にクリエイティビティとイノベーションをもたらすことを目的に変えられたものだ。

しかし、同時に教師たちの時間をさらに圧迫するものでもあるため、年配の教師たちの中には不満を持っている者もいるらしいということも校長は聞いている。

校長は、教師たちがどう思っているのかを知りたいと思っているのだが、職員室で雑談をしている教師たちに、どのように話しかけるのがいいだろうか？

案1「やあ、みんな。実は、新しい方針についての苦情を聞いたんだが、どういうことかな？　教えてくれるかな？」

案2「やあ、いい天気だね。昨日のサッカーの試合は観た？　今、コーヒーを持ってくるから、ちょっと話そう」

案3「やあ、みんな。新しい方針について、少し、みんなの意見を聞けるかな？　新しい仕事のやり方について、少し引っかかっている人もいると聞いたんだ。よかったら、これについて、一緒に話をする機会を持って、新しい方針のよい点について話せればと思っているんだ。そして、なぜ引っかかっているのかについても興味があるから、聞かせてほしい。どうだろう？」

どの案を取ったとしても、あなたが自分自身に問うべき重要な質問がある。

それは、**「彼らは、何を『現実』とするか？」**だ。すなわち、彼らに話しかけるとき、校長が言葉をどう組み立てるかは、校長が事態の本質をどう見なしているかにかかっている。

そして教師たちは、校長の発言に対する自分たちの返答の中に、彼らの現実を投影させる。そして、「それが現実だ」と確認することだろう。

そのとき、リーダーが尋ねるべき問いは、次のようなものだ。

「この現実で、この先、私たちは進歩できるだろうか？」

「これ以外に、チームと話す方法として、別の選択肢には何があるだろうか？　それとは違う『現実』を新たにここにもたらすような、他の選択肢はあるだろうか？」


もし、あなたが苦情という現実から会話をスタートすれば、あなたは苦情という道筋を用意し、それに対する防衛を持ってくるだろう。あるいは、もし、「引っかかるところがあるらしい」という現実からスタートすれば、そこでの会話の土壌は、少しはやわらかいものになるかもしれない。


もしくは案3のように、「よい方針」と「興味がある」という現実をセットにすれば、そこでの変化の可能性はさらに高まることだろう。

あるいは、案2のように、これらの現実をすべて無視して天気やサッカーの話をすることもできる。この場合は、ただ単に、難しい問題に直面することを延期しているに過ぎない。そのままにしておけば、校長は、これからもずっと、暗闇の中を歩き続けることになるだろう。

あるいは、校長は、まず、親しみを込めて、教師たちとの会話を始め、「自分たちは仲間だ」と感じてもらい、彼らから、問題を提起してくれるような道を開くこともできる。

理想を実現する

組織文化にあなたの理想を追求することについて、会社の全社員が、「共にどう生きるべきか」について、あなたは、どんな夢を抱いているのだろうか？ もしかしたら、その夢は、大きくて高尚なものかもしれない。

でも、たいてい、リーダーが抱く夢は、ごく小さなものであることが多い。ほんのちょっとだけ、社員たちの習慣が変わってくれれば、といったものだ。自分の周りを見渡したとき、そこに、「もっと改善できるのではないか」という可能性を見ていることだろう。

あなたが「変えたい」と望むその状況は、偶然そこにあるわけではない。それは、今日に至るまで確立されてきた、その組織の生き方の象徴である。

あなたが「改善したい」と願っていることは、他の人たちが、「これでＯＫだ」と思っていることであることがほとんどだ。他の人々は、あなたが「改善したい」と思うものをまったく問題ないと思っていることが非常に多い。

このような場合の変化のむずかしさについては、些細なことなどない。もし、あなたがこの小さな変化ですら社員たちからのサポートを得られないようなら（たとえば、自分一人で努力して、他の人たちを蚊帳の外に置いてしまったりして）、さらに大きく高尚な理想を実現する可能性も絶望的になるかもしれない。

たとえば、ある状況に対して、それに対するリーダーであるあなたからの社員へのアプローチのシナリオとして、いくつか選択肢が考えられる。

あなたが選択したそのシナリオは、どのようなものだろうか。次の問いに答えてみよう。

①「リーダー」としてのあなたを、どう「定義」し、「位置づけ」ただろうか？

それは、あなたを、典型的なボス、軍隊の指揮官に「定義」するものだろうか？

あるいは、名義上は「上司」でも、実際には権限がない人と「定義」するだろうか？

②「社員たち」を、どう「定義」し、「位置づけ」ただろうか？
あなたが自分を「どう定義するか」によって、相手もあなたを「定義」しているのである。

③そこに、どんな「関係」を築くだろうか？
それから、このように自分に質問すること。
「職場の文化として、私は、どういう文化を築くことを望んでいるのか？」

昔ながらの軍隊のように機能する組織を築きたい？
あるいは、社員にとっての「お父さん・お母さん」のような存在の組織にしたい？
もしかしたら、チームであり親友であるような組織を望んでいるかもしれない。
あるいは、それ以外のイメージを持っているかもしれない。
それなら、その理想の組織を実現できるような会話とは、どんなものだろうか？

異端分子がいるときどうするか

リーダーが組織の何かを改善しようとするとき、ほぼ例外なく、抵抗を生むものだ。あなたが描く改善のビジョンは、必ずや「それによって何が失われるのか」という問題を引き起こす。

たとえ大多数の支持を得ていたとしても、必ず一人や二人は「異端分子」がいるものだ。もしかしたらあなたは、異端分子がいてもやっていける人かもしれない。他の社員たちも大丈夫そうだ。だが、本当にそうだろうか？

組織文化が、「炎症」を黙認するのはよくあることだ。それは、ただ単純にそれについて何かをするのは大変すぎると考えるからだ。たしなめて態度を変えさせるコストのほうが、それによって得られるゲインを上回るのである。

もちろん、ここここそが、優れたリーダーが介入すべき領域だ。よいリーダーなら問題に気づくべきだし、地位に伴う権限を持っているという理由から、介入して、何かをすべきである。

一見、単純で簡単そうに思えるかもしれないが、実行するとなると、はるかに難しいものだ。介入し、何らかのアクションを起こすことによって、異端分子をグループから、そしてあなたから、さらに遠ざけてしまう危険がある。

結局のところ、異端分子も自分が正しいとしている現実に住んでいるのである。

組織文化が統一されていることはめったにない。どの時点で「多様性を奨励する」よりも「統合」に踏み切るかという問題には、繊細さが問われる。

この扱い方次第で、性別や宗教、民族などが違うメンバーの間に融和が保たれることも、敵意が生まれることもあるのだ。

「鉄の掟」はない。経験から恩恵を受けることもできるし、さまざまな意見や、それらの意見の変わり方や強さを熱心に聞くことも役に立つ。と同時に、リーダーが持てる最大の強みの一つは、「対話のスキル」である。

その対話は、より将来性のある方向へと、あなたたちを動かすだろうか？

Chapter 4

チームを率いるということ

「大規模か、小規模か」「顔を合わせているか、ネット上でのやりとりか」にかかわらず、「チーム」という単位がますます組織の中心的存在になりつつある。ボードルーム（取締役会）からファンクショナル・チーム、事務スタッフまで、社員たちは、共にその組織を創り、その未来を決めているのである。そして、そのプロセスの根幹となっているのが対話だ。

このチームはクリエイティブで、何かあってもすぐに回復できる「弾性」があり、生産性があり、調和があるだろうか？　それとも、対立、優柔不断、無力感が蔓延しているだろうか？

その答えは、そこで起こっている対話のプロセスの性質から読み取ることができる。共に何かを創り上げる会話には、注意深く、思いやりのあるリーダーシップが欠かせない。

リーダーは、会話の流れを作り、オーケストラのようにまとめるだけではなく、自身の行動が、チームのモデルとなり、そして、その波及効果としてチームメンバーたちが他の領域でリーダーとしてモデルにならなければいけない。

さらに、そこでの対話のプロセスがメンバーに人との関わり方を教える。もし、そのプロセスが円滑で調和があり生産的なら、メンバーは他のグループでもそれをモデルとして使おうとするだろう。あるいは、そこでの対話が、分裂的で敵意のあるものなら、それが、その組織における標準的な生き方になるだろう。

言葉はさまざまに解釈される

チームを率いるのは簡単なことではない。なぜなら、私たちには、会話を完全にコントロールすることなどできないからだ。あなたは、その集団に対して誠心誠意を尽くして、グループに多大な貢献をするかもしれない。

しかし人は、あなたの言葉をさまざまに解釈するものだ。誤解はよくあること。会話の内容が、突然、何の前触れもなく思いもよらなかった方向に行ってしまうことだってある。ミーティングが始まったときは、主流だったアイデアが、終盤にはなくなってしまったり、別のものに変わってしまったりすることもある。

チーム会議は、「急流下り」のようでもある。水面に浮き続けるために、対話のスキルが必要不可欠になってくる。

メンバーは「他の関係」も背負っている

もう一つ、大事な点がある。そのグループの参加者たちは、そこともはまた「他の関係」の一員としても、そこに参加しているという点だ。

ここで言う「他の関係」とは、組織の中の他の関係だけに留まらない。組織の外にある他の関係もある。

ある意味、彼らは、「同僚」「友人」「家族」を肩に背負っているのである。さらには、彼らにとって過去の重要人物も何人かいる。これらの声が、コーラスのように、彼らの耳元で静かに囁いているのである。

したがって、どんなチーム会議でも、そこでは、世界に対するたくさんの異なる解釈、異なる価値観、異なる投資がすべて稼働している状態だ。

そして同時に、それぞれのチームメンバーが自分の正しさを認められたがっている。どんな違いかに関係なく、すべての社員は、その集団と組織にとって「自分は価値がある」

と認められたいと思っているものだ。

リーダーにとって、これ以上に難しい対話はめったにない。

チーム会議の3つの可能性

とはいえ、「チーム会議」が持つ可能性は計り知れない。

まず第一に、「モチベーション」という可能性が挙げられる。第1章の議論を思い出そう。人生において何が重要かの判断は、関係によって突き動かされる。

つまり私たちは、関係から、何が現実的で何が合理的かという判断だけではなく、「やる価値があるのは何か」ということまで判断するのである。

組織の中で孤立した社員は、ミッション（使命感）を見失いやすく、その結果、自分自身の損得だけを考え始めるようになることが多い。

組織のゴールに対する情熱を維持するための主要な手段はグループの関わり合いである。

スポーツの試合での興奮した群衆を想像するといいかもしれない。

第二の可能性として、チーム会議にはメンバー同士の連動を促進する効果がある。

●誰が何をしているのか
●すべてがどのようにうまくまとまっているのか

についての「共通の理解」を育てることができるからだ。

あるいは、よく言われるように、グループ全員で「共通認識を持つ」こともできる。メンバーそれぞれが組織に持ち込む解釈や動機、スキルが違うという前提に立てば、照準を合わせることの重要性は無視できないことがわかるだろう。

しかし、まだ第三の可能性がある。そして、この可能性はたいてい、見過ごされたり避けられたりするものでもある。「複数の声の可能性」と呼ばれるものだ。

第2章でも触れたように、私たちは多元的存在である。これはどういう意味かというと、それぞれのメンバーが、複数の声、見解・意見、アイデア、感情、望み、恐れを、話し合いの場に持ってくることを指している。

実は、すべてのチームに、豊富な可能性（潜在能力）が存在する。しかし、これらの可能性に気づいているリーダーは、実際にはほとんどいない。

さらには、これらの可能性を積極的に抑え込もうとするリーダーもいる。それが混乱と対立を生む可能性があるからだ。

けれども、現実や価値観が多種多様で常に変化し続けている世界では、リーダーが整然とした計画や解決策といった視野を持つ余裕はほとんどない。

もちろん、一つの計画と決定に沿って組織を動かしていくことも重要だが、その計画に挑戦してくるように次々と展開する事態も意識し続けていくことが重要になる。

つまり、重大な問題については、賢明なリーダーは継続的に好奇心を持ち、関心を示し、グループが持つ豊かなリソースを探索する必要があるのだ。

オーケストラのようにチームで動く

集団が持つ可能性に気づく上で、もう一つ役立つメタファーとして、「オーケストレーション」がある。

さまざまな参加者が、それぞれ違う楽器を演奏している。一人はピアノ、もう一人はトランペット、また別の奏者はヴァイオリン、ドラム、といった具合に。

オーケストラの音楽にとっては、それぞれの楽器の音が聞こえることは重要で、全員が演奏を期待されている。そして、それぞれのメンバーの多様な解釈や価値観や動機がすべて表現されるなら、オーケストラは豊かで力強い音を奏でるだろう。

一方で、音楽の美しさとドラマは、これらの楽器がどのように組み合わされたかにかかっている。リーダーのあなたは指揮者になって音を生み出すが、同時に、注意深く思いやりのあるコメントによって、明確さと一貫性をもたらす方法を見つけ出さねばならない。

そして、実はオーケストラのメタファーの限界に気づくのもこの段階である。メンバーが、楽譜を見ながら演奏しているオーケストラに比べて、チーム会議では、その楽譜ですら、常に変化し続ける。

したがって、本質的には、あなたはジャズのアンサンブルを編成しているのだ！　効果的な対話は「インプロバイゼーション（即興）」の技術にかかっていることを強調したい。

チームリーダーは会話の進行中は常に注意を怠ってはならない。しかし会話の最中に迅速に手を打つスキルは、どれだけ準備しているかに大きくかかっている。

リーダーは、次の問いに答えてほしい。

会話の方向がずれていくことに対して準備はできているだろうか？

チームの力学に対して準備はできているだろうか？

状況と参加者の準備状況に十分注意を払っただろうか？

「対話というチームワーク」の準備をする

会議とは、グループで行う対話のこと。そして、この準備には、いくつかの重要なステップがある。

準備のいくつかは自明のことなので、ここでは詳しく説明しない。たとえば議論する予定のテーマについて事前に知っておくことが重要なのは簡単にわかるだろう。

しかしそれ以外のわかりにくい準備について、ここで取り上げたい。後で取り上げる対話の性質にも特に関係がある。

ここではそれらのうちの4点を取り上げる。

❶「ハード・アジェンダ」と「ソフト・アジェンダ」

会議（ミーティング）は、何のために行われるのか？

●「ゴール（目標）を達成するために」
●「プランを立てるために」
●「問題を解決するために」
●「何かを決定、決断するために」

など、いろいろあるだろう。

アジェンダ（議題）は、事前に用意されているべきだ。ただし、知っておくべきは、どんなアジェンダであるかが、その後に続く対話がどんなものになるかに影響するという点だ。

「そのアジェンダには、どんな可能性があるのか」と、複数の可能性を考慮に入れることは役に立つ。

①「ハード・アジェンダ」＝具体的な問題が事前に指定されている議題

まず、第一に、「ハード・アジェンダ」がある。

具体的な問題あるいは問いが事前に指定されている議題（会議）のことだ。

ハード・アジェンダの狙いは、「効率的な生産性」である。グループは、ミーティングが始まった途端、無駄口を叩かずに、黙々とその問題に取り組むことが求められる。

短所はある。ハード・アジェンダのミーティングでは、どんな意見なら共有されてもいいかが限定されるため、チーム・メンバーが自分にとって重要な問題について率直に発言することは制限される。

また、ビジョンをさらに拡大したり、「別の選択肢ならどうか」という推測をする時間はほとんど与えられない。問題が解決されれば、グループは、任務を果たしたことになる。

さらに、ハード・アジェンダでは、「非公式のやりとり」は制限される。友好的な人間関係や、士気の向上を促すくだけたおしゃべりのことだ。一見、時間の無駄のように見えるものが、そのグループをまとめる接着剤になっているかもしれないのだが。

ハード・アジェンダは通常、指揮命令系統の一番上の階層や、政府や裁判所から来ることが多い。そして、これがリーダーを難しく微妙な立場に置くことになる。決定がただ単に外部からチームに押し付けられた場合、メンバーはその決定を異質に感じ、間違っているように思う可能性があるからだ。

彼らは、統治側の手中にいる単なるチェスの駒だ。だから、リーダーであるあなたは板ばさみになるかもしれない。

一方では、会社の決定権者たちに対して、他方では、あなたのチームに対して、両方に結束を示さなければならない。

しかし、どちらか一方に近づきすぎるという誤りを犯してしまうと、上層部あるいはチームと厄介なことになるだろう。これは、ほぼすべてのチームリーダーが直面する難しい問題だ。

②「ソフト・アジェンダ」＝自由度が高い議題

次に、「ソフト・アジェンダ」がある。

どんな議題について話すのか、どんな結果を出すのかについて、チームがかなり高い自由度を持っているケースだ。

このような場合にリーダーがよく直面する問題は、リーダーが事前に情報やそれについて考える時間を持ち、何をすべきか先入観を持っていることだ。だからリーダーは、ある特定の結論を出したいという希望を持って会議に臨むが、これは「裏アジェンダ」と呼ばれる。

原則的には、裏アジェンダには何の問題もない。何をすべきかについて意見や考えを持っているに過ぎない。しかし、リーダーが自分の考えが主流になるように会話を操っていると見られると危険になる。

私たちの経験では、ソフト・アジェンダのケースでは、リーダーは最初の思惑については黙っていたほうがいい。強引に結論に導こうとするべきではない。

チームは、自分の考えを述べる完全な自由を与えられるべきだ。リーダーは、問題のあらゆる側面について注意深く敬意をもって聞くべきだ。リーダーが最初によいと思っていた案にとって都合の悪い意見が出ても、敬意をもって聞くことで考慮に値する代替案があることもわかるだろう。

リーダーは、すべての可能性についての議論を聞いたあとに、自身のアイデアを紹介するのがよい。ただ、徹底的にメンバーたちの声を聞いた後には、おそらく、リーダー自身が当初に持っていたアイデアにも、何らかの変化が起こっていることだろう。

より多くの細かい問題や欠点を考慮しているだろうし、グループのメンバーの意見を生かしたものになっているかもしれない。場合によっては、リーダーが最初に好ましいと思っていた意見は捨てられて、別の意見に取って代わられているかもしれない。

❷力学を意識する

チームメンバー全員が、自立的に考え組織のために最善を尽くす人ばかりだったら、どれほど素晴らしいか。しかし、これは、理想主義的な神話だ。

賢明なリーダーは、それよりも集団生活に存在するダークサイドに注意を払う。ダークサイドのほとんどが、組織構造の副産物だからだ。

組織がピラミッド型であるとき、トップまで上り詰められるのはごく一部になる。その結果、各階層では激しい競争が起こる。このために競争が議論の流れを動かすことがある。

このような力学はすべて、チームの対話に感染する。メンバー同士の関係（良くも悪くも）について事前に考えておくことが、会議を指揮していく上でかなりの効果があるはずだ。

❸「外の関係」と「波及効果」

ここまで、チームのメンバー間の関係に焦点を当ててきた。しかし、メンバーそれぞれのパフォーマンスは、チームの外の関係からも影響を受けている。

最も明らかなのは組織内の他のメンバーとの関係である。たとえばメンバーの多くは、自分自身が責任を負う個々のチームを持っているかもしれない。さらに、重要な自部門の社員以外にも、意見を尊重している親友や同僚がいるかもしれない。

さらに組織の外へと目を向ければ、この関係のネットワークは大幅に拡大する。チームメンバーは、とりわけ配偶者や親友、および親戚の意見と価値観を背負っているものだ。

この「外のネットワーク」にも注意を払うことは、2つの意味で有益だ。

第一に、人は他者をカテゴライズする傾向がある。「彼はエンジニア」「彼女は人事」「彼女は学者」というふうに。

人を一元的にしか見られないのは、リーダーとして不幸だ。それぞれのメンバーは、多元的な存在なのである。それぞれが、外の関係からくる意見やスキル、知識の膨大なレパートリーをそこに持ち込んでいる。

第二に「波及効果」というものがある。これは「チームが下した決断」が、その外側にいるさまざまな集団に影響を及ぼす可能性のことである。

●この決断は、他の同僚、友人、そして、家族にどんな影響があるだろうか？
●この決断は、チームにある「緊張」を高めるものだろうか？
●この決断は、チームメンバーたちが家族と過ごす時間を減らしてしまうだろうか？
●顧客はこの決断によって得をするか？　損をするか？

ここでもまた、メンバーの意見を引き出す方法を考えることが重要だ。チームメンバーが会議でのそれまでの発言からは筋が通らないと思えるような立場を取ることがあるが、その主な理由は、会議に参加していない人間の利益を彼らが図ったり守ったりしているからである。

❹物理的な環境

実際に会議が開かれる物理的な場所の雰囲気や美観も、そこでの対話の質に思いのほか大きな影響がある。

場所を選べるなら、どこで開くかを慎重に考える価値は十分ある。たとえば、部屋の温度が高すぎる会議と低すぎる会議の両方に参加したことがあるだろう。どちらの場合も落ち着かなくイライラした雰囲気で、議論も早めに終わることが多かったのではないだろうか。

参加者同士の距離はどれくらいにするか？　席がお互いにかなり離れている場合もチームの連帯感を損なう可能性がある。

椅子の居心地の良さは、どの程度にするか？　居心地が良すぎて参加者がだらだらしてしまっても意味がない。

照明が強烈に明るいと、まるで実験室のような雰囲気になりかねない。一方、明るさが十分でないと、陰気で無気力な雰囲気を生み出すことがある。

そしてもちろん、気を散らす騒音はいらだちを引き起こしかねない。

建物も、参加者の話し方に微妙な違いを生み出す。大学の古びた図書館でのミーティングと、ぴかぴかの新しいオフィスビルでのミーティングでは、違った種類の対話が引き起こされるものだ。

要するに、リーダーが会議の場所を選べるときは、周囲の状況を考慮するメリットは十分あるということだ。

チームを率いるということ

チームを率いる能力は後天的に修得するスキルだ。スキルを得るために何年も成功したり失敗したりを繰り返して学ぶ必要がある人もいるし、グループで長期間過ごしてきた結果、自然に得られる人もいる。

対話のスキルを開発し、より鋭くするために、チームをうまく導くために欠かせない課題がある。

- チームの目標、リーダーとしてあなたが期待していること、そして、そのプロセスにおけるあなたの役割を明確にする。
- コミュニケーションにおける協働と調整を強化する。
- チーム内、およびチーム内・外における人々の建設的な関係を促進する。
- 支配的なコミュニケーションのパターンに注意を払い、必要なら建設的な形で異議を唱えて、これらのパターンを断ち切る。
- チームミーティングでは、無言の意見も忘れずに取り上げる。
- 約束を守る。信頼は、今日のリーダーシップの最も重要な要素に数えられる。
- チームメンバーからの新しいアイデアとイニシアチブに、感謝の姿勢を持つこと。
- メンバーに、自由な表現の場を与えること。

上からの方針を実行する

本章では、ここまで主に、ソフト・アジェンダに焦点を当ててきた。しかし、特に階層が非常に強い組織では、方針も実施方法も上層部から命令される。典型的には、グループの役割は要求されたことをいかに実行するかを話し合うだけになる。

このような状況は、リーダーにとってきわめて困難なことになりかねない。上からの命令は、黙って従わなければならない者たちが構成した世界に必ずしも配慮しているわけではないからだ。

組織で方針を作る者たちは、命令を受けなければならない者たちの現実と価値観を理解したり尊重したりしないかもしれない。だから、方針がグループの戸口に到着すると、激しい抵抗が起こり得る。

それはトップの方針が彼らの現実を無視しているからというだけではなく、一度も相談を受けなかったことで侮辱されたように感じるからだ。結局のところ、彼らの考えでは、彼らが直面している状況については、彼らが専門家なのだ。

リーダーにとって特に深刻なのは、方針を作る者たちの代表として振舞わなければならないからである。

リーダーは方針を策定した者たちの観点に立って仕事を遂行させる責任があるが、自分を彼ら（方針を作る者たち）の一人と位置づけることによって、グループとの間に距離ができる。その結果、メンバーの忠誠心どころか尊敬の念まで薄れるかもしれない。

たとえば、リーダーが上層部から来た方針を実行しようとしているとしよう。

- より将来が有望なやりとりを創るために、どんな準備ができただろうか？
- この会議に、他に誘うべき人は、いないだろうか？
- もしいるなら、何のために何の目的で、その人を呼ぶべきなのか？
- リレーショナル・リーディングの観点から、チーム・リーダーができたことは他に何があるだろうか？　セットアップ？　枠組み？　コンテキスト（状況）？　タイミング？　コミュニケーション？　反応？

チームをまとめる

ひとたび動き出すと、グループの議論は、いろいろな方向に進みかねないし、前触れもなしに無秩序に進路を変えることも多い。

これはグループ・リーダーにとって難題だが、混乱を減らして議論が横道にそれないようにするためのよく知られた方法はいくつもある。

たとえばベテランのリーダーの多くは、「会話の句読点」という技術を学んでいる。これは、会議の中でそれまでに達成されたことについて定期的にコメントし、まだ残っている課題をグループに思い出させることを指す。

また、ほとんどのベテランが、適切なタイミングに適切な言い回しで投げかけられる問いの重要性も理解している。

問いを利用することで、リーダーは、会話を方向づけたり、方向を変えたりすることができるだけでなく、自由に意見を述べるよう促すことができる。

これは、遠慮という慢性的な問題を回避する上でも特に重要だ。遠慮は、先輩や上司が不快に思うかもしれないことをメンバーが言うのをためらうことから起きる問題だが、計り知れない可能性を押し殺してしまいかねない。

- ●リーダーは、チーム内のさまざまな声を、どのようにオーケストラしているか？
- ●リーダーは、どのように会話の句読点を活用しているか？
- ●リーダーは、チームの中でどのようにカオスを減らし調整を促進しているだろうか？
- ●他に、リーダーがやれることとして、何があるだろうか？

Chapter 5

組織変革

すべてのリーダーが、社内の隅から隅まで円滑で生産性の高い人間関係が築かれている組織を夢見ているものだ。

社員一人ひとりが、自分は何をすべきかわかっていて、しかも、ちゃんと成果を出していて、みんな仲よく協力的で、お互いに助け合って、クリエイティブで……そんなものは、夢物語である。

しかし、多くの組織論やコンサルティングがこの夢のような前提に基づいているのである。

第1章で指摘したように、組織の伝統的なメタファー（比喩）は「機械」だった。完璧に機能するように設計され、どこか調子が悪くなったら、それに対処すればいいだけ。このメタファーは、誤解を招く。

組織とは、「継続的な（止まることなく延々と続く）関係」の中で、そこにいる人々によって、創り出され、維持される（あるいは、されない）ものなのである。そのほとんどが、「社員たちの行動が、どのように調整されているのか」「お互いをどのように扱っているのか」「共に、どんな『現実』を作っているのか」にかかっている。

つまるところ、組織は生き物なのである。機械というよりも「絶え間なく続く大量の会話の海」である。そしてその繁栄は、私たちが、行動を時々刻々と一緒に調整していけるか否かによって決まる。対話は、その中枢のプロセスなのだ。

組織変革の二つの方向

世界の状況は、絶えず、しかも多くの場合急激に変化している。今日、世界中の組織は、その規模の大小にかかわらず、方向転換する準備ができていなければならない。しかも素早く。

かつてハーバード・ビジネス・スクールの学長が、卒業していく学生たちに対し次のように話したことがある。

「君たちがここで学んだことのすべては、おそらくもう時代遅れだろう」と。

同じように、組織も継続的な変革のプロセスに入っていなければ、時代遅れになる危険性がある。

今日の経営およびリーダーシップに関する文献には、変化を理解する上で二つの主要な方向がある。一つは「指令」の強調であり、二つ目はインプロバイゼーション（即興）である。どちらも、対話のプロセスと重要な関係がある。

「上からの変革」を対話によって成功させる

一般的に変革のプロセスとは、トップダウンで計画が立てられて導入されるものと信じられている。

これは、社員とは会社が計画した変化を演ずるものだという考えに基づいている。

この見地からすると、目標は、会社が未来を予測し、計画を立て、特定の結果を実現するために、「社員はどのように行動すべきか」を入れた戦略を明らかにすることになる。

時に、社員たちの変化へのモチベーションを高める狙いで、あえて火事を用意するケースもある。

「変わるか？　それとも、火に巻き込まれて死ぬか？」というわけだ。批判的見地からは、この戦略はいわゆる「恐怖によるマネジメント」と呼ばれる。

恐怖によるものであろうがなかろうが、ほとんどの経営アドバイザーが強調するのは、変革のプロセスの必要性とその実現方法を、いかに明快に納得の得られる方法で上層部が社員たちに伝えるかだ。それは講演会やパワーポイントを使ったプレゼンテーション、指示、社内報などを通じて伝えられる。

「上からの変革」の重要性は、疑いようはない。それは、会社の成功を維持するための上層部の責任を意味する。状況をよく見て、組織が繁栄するのに役立つときに方向転換をするのは経営陣の仕事だ。

ただし、この「上からの変革」は、かなりの犠牲を伴う。たとえば、

●経営陣がすべてを知っているわけではない。
ビジョンや知識には、常に、見落とされている視点があるものだ。

●世界の状況は、この瞬間にも、常に変化し続けている。
今日の必勝プランも、明日には、極端に視野の狭いビジョンに成り下がるかもしれない。

●トップからの変化は混乱を起こすものだ。
下の層にいる社員たちは、自分の仕事が何か、なぜそれが重要なのかを知っている。な

のに、なぜ変わらなければいけない？

●トップダウンの命令というのは、さまざまに解釈されるものだ。

また、社員は、自分たちは会社にとってただの操作の対象だと感じ、その解釈もネガティブ（否定的）なものになる可能性もある。その結果、クリエイティビティと情熱の代わりに、不安と恐怖心のほうが蔓延する可能性もある。

それが、対話とどんな関係があるのだろうか？「上からの変革」モデルの一番の問題は、それ自体が対話を軽視する傾向があることだ。つまり、一人で演説をしたり、部下に対して「言う通りにすればいい」という態度だったりするイメージなのだ。

実際、変革のプロセスやその変革が仕事に与える影響についてリーダーがどのように社員と話すべきかについて書かれた本はほとんどない。

「上からの変革」はこれからも存在し続けるだろう。しかし、対話によって「上からの変革」をよりよいものに改善することはできる。

対話は、次の三つの段階で特に効果的だ。

①計画

②実行
③維持

①計画

理想的には、計画はリーダーと現場の各部門の代表との間の密接な連携によって作られるべきだ。そうすることで、現場特有のニーズやスキル、状況を確実に考慮に入れることができる。

また、社員も計画に貢献したと感じることができる。自分たちは会社にとってただの道具などではない。自分たちが組織なのだと。

連携に社員を巻き込むことは社員のコミットメントを高める。

②実行

紙に書かれた計画と実際の社員たちの動きとの間には、ぽっかりと穴が空いているものだ。

その計画が、行動という点で何を意味しているのかについては、交渉が必要になる。「何を」「いつ」「どのように」やるかについて、社員たちが、対話の中にいることだ。

③維持

変化とは切れ目なく続いていくもので、あらゆる不測事態を網羅した計画などというものはこの世に存在しない。

だからこそ、会社の経営陣と残りの全社員との間の継続的な対話が必要不可欠になってくる。

「何がうまくいっているのか？」
「何がうまくいっていないのか？」
「それが、全体の計画に、どんな意味を持つのか？」

戦略が、変わり続ける世界の状況に適応していかなければいけない。そして、その調整の鍵となるのが対話である。

まとめると、「上からの変革」モデルの成功は、強力な対話という要素を加えられるかどうかにかかっているのである。

継続的な対話による「創発的な変化」

「上からの変革」に対して「絶え間なく動き続ける組織」という見方がある。組織というのは、常に新しく生まれているか、あるいはわれわれには完全に予測できないものになりつつあるという考え方だ。

変化は、現代の組織にとって当たり前の状態となった。コミュニケーション革命が変化のスピードと複雑さを高めている。

もし、前進していないのであれば、後退していることになる。また、実証されたメソッドや頼れる前例というものもない。私たちは、間断なく、常に新しい状況に対応しているのである。

多くの学者が指摘しているように、絶え間なく起きる変化の下では、前もって計画を立てるよりも、知的なインプロバイゼーション（即興）のほうが必要となる。求められているのは、現場の状況に合わせたスピードで動ける、常に臨戦態勢で柔軟でクリエイティブな社員である。

したがってリーダーは、社員が自分たちでアイデアを出し率先して行動を起こせるような環境にしなければいけない。

ただし、これにも短所はある。

- 現場の動きが組織の全体プランを弱体化させる可能性がある。
- 現場がバラバラの方向に独自の動きをして、組織がまとまらず、まったく連携が取れない状態に陥る。
- 絶えずあいまいさが存在することで、社員の中に、自分の役割や行動に対する不安が生まれる。

「自分は何をしているのか？　これでいいのか？」

こうした課題に対しても、対話は重要な救済策となり得る。

しかし、ここで必要な対話とは、段階ごとに行われるものではない。継続的なものだ。対話によって最初にイノベーションが引き起こされ、そして、濃縮される。この点については第8章で詳しく述べる。

さらに、もし対話が孤立したグループの内側に限定されることなく広範に行われれば、組織の全体計画が見失われることはない。継続的な調整の機会も増える。

最後に、対話は安心感を生む。人々は集まることによって、一人ではなかなか得にくい納得感を生むことができる。だから「創造的な合流」の継続的なプロセスが重視される。

それは、社員たちがお互いにコミュニケーションを取り、関わり合い、イノベーションを起こしたり、新たな試みを行ったりすることを意味する。

どのように対話をリードするべきか？

ここまで述べてきたような対話を実践するのは必ずしも簡単ではないとほとんどのリーダーは思うだろう。

まず、社員との問題がある。たとえばすでに指摘したように「上からの変革」の場合、社員は抵抗したり批判的だったりすることが多く、ことによると自分たちの将来についても心配しているかもしれない。

「創発的な変化」の場合は、リーダーがコントロール感を失うかもしれない。さらに、リーダーの地位そのものに起因する問題もある。中間層のリーダーになれば、自分自身が強い疑念を抱いている計画でも実行しなければならないこともある。この場合、自分の意見を表明するのは避けるべきだろうか？　グループ内の批判は抑えるべきだろうか？

最後に、どんな変革にも、あいまいさや未知のものが伴うものだ。失敗の可能性は常にある。そして中間層のリーダーはこのような状況下で「集中砲火（非難）を浴びる」ことが多い。失敗したのは、そのリーダー個人の能力を反映しているように見えてしまうのだ。

「対話」には、あらゆる状況に通用する絶対不変の鉄則というものは存在しない。それでも私たちは、リーダーが状況に応じて次の三つの重要なタイプのどれかに自分を位置づけるのは役立つと考えている。

柔軟な「対話のリーダー」は、比喩的に言うと以下の三つのタイプに当てはまるだろう。

「コネクター」タイプ

組織づくりとは基本的に関係のプロセスだ。しかし「上からの変革」でも「創発的な変化」でも関係のパターンは変化する。グループが異なれば、出来事に対する解釈も違ってくるし、誤解はことあるごとに生じる。

さまざまなグループにわたって境界線を越えて対話を促進するリーダーは、組織の分裂を回避することができる。異なる領域の人々を集めて意見を共有させることが奨励されねばならない。

「倉庫」タイプ

組織変革では、常に新しい情報と意見が大量に発生する。新しい事実が浮かび上がったり、抵抗や競争、うわさ話などが生まれたりする。錯綜、矛盾、食い違いもある。

このような場合、対話のリーダーは熟練した聞き手となって、会話のすみずみから情報を吸収しなければならない。

なすべきは、荒れ狂うあらゆる動きを意味的に統一させることではない。これらのすべての動きを進行中の会話の中に生かしておくことだ。他の社員たちと共有したり、彼らにも知らせたりするために。

「ストーリーテラー」タイプ

社員にとって、変化し続ける状況や要求を理解するのは難しいこともある。事態について一つに統一された感覚を生み出すための主要な手段として、多くの場合、ストーリーとして語ることが有効だ。

ストーリーによって、たくさんの孤立した出来事を織り合わせ秩序づけ価値観に沿う方向性を指し示すことが可能になる。

ストーリーは、私たちはこれまでどこにいたのか、今はどこにいるのかを教え、未来を創造するための動機を与える。


メタファー（比喩）も重要だ。メタファーによって多くの事実を単純化し、方向性を与えて体系化できるからだ。

変革の最中にある組織を「嵐の海に浮かぶ船」と描写するのと「修理中の機械」や「宇宙船」と呼ぶのとでは、受け取る側の心構えも違ってくるだろう。

変革がうまくいっていないとき

組織の変革が、リニア（直線的）に着実に進展するなどということはめったにない。道路のでこぼこにぶつかることはよくあるが、そのようなときには対話の質に特に注意を払うことも必要になる。

●リーダーは、部下に対してどのように聞き、どのように反応しているか？

●リーダーのコミュニケーションにおいて、どの点が成功していて、どの点が改善できるとあなたは考えるだろうか？

●その場において、リーダーが表現しているのはどのタイプのリーダーシップ・アプローチだろうか？

●もしあなたがリーダーだったら、部下の懸念に対してどんな反応をするだろうか？

対話を通して組織変革の戦略を練り上げる

「上からの変革」に伴う問題のいくつかを回避するために、賢明なリーダーは変化を起こすまさにそのプロセスに社員が参加できるような対話を持ち込む。

それによって、考慮に入れられるかもしれない意見を豊かにする。それだけではなく、変化のプロセスに対して社員から最大限の参加と関与を得ることができる。

そのとき、社員はもはや「変化するよう要求された立場」ではなく変化の発起人であり共同設計者となる。

会議の展開を段階ごとに説明すると、以下のようになる。

❶望ましいビジョンに関する対話が、以下の質問によって触発される

●来年の今日、私たちの新しい部はどのように見えているだろうか？
●クライアント、パートナー、およびステークホルダー（利害関係者）は、どんなことに気づくだろうか？　彼らにとって重要なのはどんなことだろうか？
●それ以外の組織の人々にとって重要なのは何か？　私たちはそれにどのように取り組んだだろうか？
●テレビ局の人が通りかかって録音やインタビューを始めたとしたら、1年前と比べてどんな違いに気づくだろうか？
●コミュニケーションはどのように行われているだろうか？
●部内の調整や意思決定はどう行われているだろうか？
●一つの部という枠組みの中で、私たちの組織はどうなっているだろうか？

❷一枚の大きな紙に望ましいビジョンを描いていく

●会議の参加者が合意に達したら、上の質問に対する答えを同じ大きな一枚の紙に書く。

❸ビジョンを実現するために全体的な戦略（事業計画）を立案する

- その戦略で、重要な目標や、区切りとなる重要な出来事や段階は何か？
- 誰が何をしているか？
- それ以外では、誰がいつ参加するべきか？
- フォローアップはどのように実施するか？
- 会議はどれくらいの頻度で開くか？

戦略を柔軟にしておくのは重要だ。予想外の事態が起きて変更が必要になるかもしれないので、硬直的になりすぎないようにする。

❹よい点と悪い点、および戦略の微修正について議論する

- この戦略は、組織の他の部門の戦略と調和しているか？
- この戦略は持続可能で現実的か？　そうでないとしたら、どう修正できるか？

❺プロセスのエヴァリュエーション(評価)をする

- このような進め方についてどう思うか？
- あなたの意見は反映されていると思ったか？
- この対話のプロセスは、翌年、どのように続けていけるだろう？

たとえば、リーダーは自分自身をプロセスのファシリテーター（進行役）という新しい役割に位置づけているとする。この役割は、対話を通じて社員が自分たちの部署の将来像を明確に描くように促すものである。

このような場合、リーダーは、忍耐強い、優れた聞き手として、参加者たちが彼らの見解を話し合い、新しいビジョンを共に構成する時間と場所を与えなければならない。と同時に、リーダーはグループ全体が未来志向の結果を導き出すように、建設的に対話を導いていく必要もある。このプロセスから、会議の参加者全員の貢献に基づく明確なビジョンと明確かつ持続可能な戦略が得られねばならない。

この組織が現在何であるかに焦点を当てるよりも、むしろ、何になれるか、なりつつあるかに議論を方向づけるべきである。

リーダーは、こうやって新しいアイデアが生まれる枠組みを可能にし、構築する。この例では社員の位置づけ方に関する行動も見て取れる。

社員は、単に命令に従う代わりに、「積極的な主体者」かつ未来の組織の「クリエイター(創造者)」や「共同設計者」になるのだ。

関係という観点に立てば、組織変革は継続的な対話のプロセスと見ることができる。組織のメンバー、ステークホルダー、顧客(クライアント)、および各関係者との間で行われる継続的な対話のプロセスだ。

計画されたわけでない非公式の変革は、ドラマチックなことはめったにないとしても、絶えず行われている。

組織的な変革のプロセスであれば、経営陣が立案することはできる。それでも、そうやって作られた計画や戦略の論理は、常に現場で対話による意味の交渉を通じて解釈された上で、実行されるのである。

組織変革とは、関係のプロセスの結果である。主として組織で起きている対話のプロセスの結果なのだ。

リーダーは、コミュニケーションの枠組みを作ることによって対話のプロセスをファシリテート（進行）し、豊かにすることができる。

このような類の対話を通じて、組織のメンバーは新しいビジョンや新しいゴール（目標）、および新しい課題に立ち向かう方法を共に創ることができるのだ。

Chapter 6

コンフリクト

古いタイプのリーダーであれば、「コンフリクト（衝突）」を「分裂」として扱うだろう。組織は滑らかに動く機械のように機能すべきだと思っているし、ちゃんと設計され完璧に機能している組織であればコンフリクトは存在しないはずだと思っているからだ。

そのようなリーダーにとって、コンフリクトは除去すべき問題でしかない。コンフリクトに対するこのような見方は、これまで長年にわたって受け継がれてきた、組織を機械と見るメタファーを反映している。

しかし、もしわれわれが組織を「意味づくり」の源泉として見るなら、コンフリクトに対するまったく新しい視点が生まれる。

コンフリクトは、組織にとって至って正常で健全なものだ。それだけではなく、もし、コンフリクトに対するスキルが加われば、むしろ組織の活性度に貢献さえするかもしれないのだ。

もし私たちが組織を機械として取り扱うなら、対話の選択肢は狭まる。衝突する社員あるいはグループのどちらか一方に味方する立場に引き込まれるし、もしかしたら、コンフリクトそのものを引き起こした張本人を罰するかもしれない。

けれども、組織を意味づくりのプロセスと理解するとき、私たちの対話の選択肢は広がる。敵意と同じものにはならない話し方、生産性を高める関わり方という、コンフリクトへ誘うための条件というものがあるかもしれない。

とは言っても、ここでは、従来の典型的なコンフリクトを奨励しているわけではない。私たちはこの本で、対話に対する私たちの知識を新しい方向に向け直し、新しい型の対話の空間を開こうとしているのである。

「構成」と「コンフリクト」

人々は関係の中で、何が現実で何が合理的で何がよいかについての「同意」を「構成」する。このプロセスは、絶え間なく続く継続的なもので、人が会話をしたり、あるいは他の方法で行動を調整したりしている場面は、どこででも起きている。

オフィスでの単純な朝の挨拶からでさえも、社員たちはお互いの「仲間意識」という現実とその価値の維持に貢献しているのである。

たとえばあなたが挨拶したのに、ある同僚が顔をしかめたり目をそらせたりしたら、きっとあなたは、二人の関係を心配するようになるだろう。

同じプロセスが、スタッフ間、チーム間、あるいは部門間で、仕事を一緒にスムーズに進めることを可能にしているのだ。自分たちの仕事に対して、同じような見方をし、その価値に対して合意を交わしているのである。

このプロセスが時間の経過と共に広がり、「何が現実か」「何がよいか」に対する社員たちの合意は、ますます強固なものとなる。

そして、それはもはやその組織において「ある一つの」理解や価値などではなく、事実上、その組織で、「唯一の」価値となるのである。なぜなら、それが彼らにとって「真実」であり「正しい」のだから！

コンフリクトは正常な状態だ

この観点に立てば、コンフリクトが正常な状態であることは容易に理解できるだろう。あらゆる場面での会話が、何が真実でよいことかに対する異なる見方を生み出す可能性を持っている。だから、コンフリクトがもたらされるのは必然の結果なのだ。

これは、組織の中のさまざまなグループが異なる状況に直面している場合に、特に深刻になる。たとえば大企業のマーケティング部の目標は、経理部門や研究開発部門、あるいは人事部門とは異なる。

各グループは、それぞれが創った世界の現実の中に完全に生きていて、自分たちの成功をそれぞれ別々の尺度で測るだろう。

それぞれが、他のグループとは異なる現実に住んでいるのだ。だから、マーケティング部員がリサーチ部門の仕事はなぜ遅いのかを理解できなかったり、経理部はマーケティング部の支出の仕方が無責任だと思ったり、人事部の課長はなぜ経理部員はあんなにやる気がないのかと思ったりする。

それは、それぞれが異なる世界を創り、その世界の中に生きることによる当然の結果に過ぎない。さらに加えて、他の人々がどうしてそんなふうに行動できるのか理解できないことが、潜在的なミス・コミュニケーションとなる。同じ言葉でさえ、グループが異なればまったく違うことを意味しているかもしれないのだ。

コンフリクトへの誤った対応

この視点からすると、コンフリクトへの対応として「誰が正しくて、誰が間違っているのか」をリーダーが決めることは危険で、逆効果になることすらあることがわかるだろう。

誰が最も正しいかを判断するために、証拠やもっともな論拠に安易に頼るわけにはいかない。なぜなら、証拠と論拠は特定の視点でしか妥当でないからだ。同じ視点を共有していなければ、他者の証拠ももっともな論拠も、的外れでしかないのである。

たとえば、あなたが社員の仕事を質で判断しているのに、その社員は何時間働いたかで判断しているとしたら、賃上げが妥当かどうか合意するのに苦労するかもしれない。それぞれの論拠と証拠を交渉の場に持ち込んでも、どちらも相手を納得させられないだろう。

さらに、あなたが一方よりも他方の説明を選ぶと、コンフリクトを強める危険があるだけでなく、ロイヤリティ（忠誠心）を壊してしまう危険も冒すことになる。あなたがリーダーとして一方の側に与すると、反対陣営はあなたのことを反対側であり「信用できない愚かな側」と見なし始めるだろう。

多くのリーダーは、このような状況を認識していて、コンフリクトにある双方に意見を述べる機会を与えようとする。

少なくともおおっぴらには判断を下さないようにするし、双方がお互いを理解するよう手伝おうとする。

これは確かにうまくいきそうな方針だ。お互いの現実を共有することによって、コンフリクトしている相手の言い分にも多少の理があることが理解できるだろう。

しかし出発点としては優れているものの、ものの見方を共有するだけでは平和的な融合は保証されない。


たとえば、「なぜ社員が所得を増やすために組織を犠牲にして不正を働くのか」を理解できたとしても、だからといってそれを支持するわけにはいかない。

同様に、コンフリクトにあるグループがお互いに相手の論拠を理解できたとしても同意に至らないかもしれない。対立する政党同士がよくこの状態にある。


もっと効果的な対話の型を探し出す必要があるのだ。

コンフリクトの価値

伝統的に、組織においてコンフリクトは「順調に稼働する機械」に対する脅威と見なされてきた。

しかし、コンフリクトは人々が至るところで共に意味を作り出していることの自然で正常な結果であることを理解すれば、コンフリクトは必ずしも脅威ではなくなる。

むしろ、コンフリクトがあるところには、世界を理解する方法を増やすチャンスがある。 チームのメンバーが決まったことに同意しないとしたら、どちらの行動方針が正しいのかを決めることよりも、それぞれの立場の妥当性を調べるほうが重要かもしれない。

その組織の中では少数派の意見も、実は外の世界の多数派の意見を反映している場合があることを認識しておくのも重要である。

自分が不当に扱われていると考える社員は、組織内では常識はずれな存在かもしれない。

ただの不平屋だ。しかし彼の心情は、組織の外にいる多数の人々の気持ちを反映しているのかもしれない。

だから、不満を無視することは組織の評判および有効性にとって脅威になる可能性すらある。

この考え方から導かれる結論の一つは、リレーショナル・リーダーは実際にコンフリクトを誘うだろうということだ。ここで意味しているのは、現実的な範囲内で、できるかぎり幅広い意見を促すということだ。

違いを敵意の観点から捉えるよりも、むしろリーダーが奨励すべきは好奇心のほうだ。「これに対するあらゆる見方を探索してみよう」と社員を促すのだ。

ある問題に対して、リーダーが公に特定の立場を取ることは避けたほうがよい。メンバーが自分たちを自由に表現できるようにするためだ。

同じように、コンフリクトが起きそうな状況にあらかじめ立場を決めて関与するのは避けるべきである。

リーダーは、指示命令で人を導くよりも、熱心に聞き、複数の現実が持つ可能性を考慮に入れるべきなのだ。

あらかじめ決まっている立場を無理に推し進めれば、社員たちの意見の表現を妨害し、反感を買う危険を冒し、行動の選択肢を大幅に減らすことになる。

「破壊的なコンフリクト」と「生産的なコンフリクト」

「コンフリクト」と「敵意」の間には大きな違いがある。どういうことか？

コンフリクトし合う現実というのは至るところに存在するものだ。しかし、それらのコンフリクトが、必ずしもすべて「悪意のある反目」を生むわけではないのだ。

世界中にある宗教は、信じているものがそれぞれ劇的に違う。けれども多くの国々で、人々は、こうした違いと共に快適に暮らしている。

もちろん、これらの信仰のコンフリクトが、敵意、それどころか暴力まで生むこともある。しかし、コンフリクトそのものは暴力を必要とはしていないのだ。もし、条件がかなうなら、私たちはそのような違いをありがたく思うようになるかもしれない。

「コンフリクト」が時に「敵意」を生み、また時に評価されることもあるのは、なぜだろうか？　なぜコンフリクトは破壊的なときがある一方で、生産的なときがあるのだろうか？

ここで役立つのは、第2章で説明した「対話のシナリオ」と「複数の可能性」の議論に立ち戻ることである。

私たちが、お互いに話すときの話し方には、「慣習」あるいは「伝統」がある。だから、私たちは皆、口論や議論にどう参加すべきかを知っているわけだ。

たとえば、よくあるシナリオはこうだ。一人がある立場を取り、もう一人が、それに反対する。そして、たいてい、それ以降は、それぞれが当初の立場を維持しながら、相手を論破しようとする、というものだ。

相互非難のシナリオも、形式はほぼ同じだ。それぞれがお互いを非難する方法を見つけ続けるのである。

この種のパターンを、私たちは「退化のシナリオ」と呼んでいる。それは、このパターンが「お互いを無視し合う」「怒り」「チームからの離脱」へと進む傾向があるからだ。

一方で私たちには、お互いを喜ばせたり刺激したり、豊かにし合う「話し方」もある。このような「生成のシナリオ」は、たとえば、古くからの友人同士の間で、よく行われるものだ。

一人が話すと、相手は同意のうなずきをして、それから今言われたことをさらに磨いてみたり広げてみたりする。男女がいちゃついているときや陽気なディナーパーティーの場も、生成的な（新しいものを生み出す）会話に富んでいることだろう。

さて、私たちの誰もが、「生成のシナリオ」も「退化のシナリオ」も、どちらのシナリオについても数多くの経験をしてきている。この意味でも、私たちには複数の可能性があると言える。どの瞬間でも、私たちはどちらかの領域からシナリオを取り出してくることができるわけだ。

チーム・メンバーがあるアイデアを提案したとき、あなたは選択地点にいる。もし、あなたがそのアイデアを攻撃すれば、退化のシナリオを勃発させた可能性は高い。もし、それに対して、好奇心を示せば、おそらく対話は「生成」の方向に向かうかもしれない。選ぶのはあなただ。そして、もちろん、それによって起こる結果についての保証はない。今度は、その同僚があなたに返答する機会を持っているのだ。あなたの攻撃がもたらした下向きの軌道をたくみに避けるかもしれないし、あるいは、あなたの好奇心を恩着せがましいものとして扱うかもしれない。

要するに、苦痛も友情も、私たちは、共に創り出しているのである。

コンフリクトとリレーショナル・リーディング

これまで述べてきたことはリレーショナル・リーディングとどんな関係があるのだろう？　ここでは、危機的な退化のシナリオのケースに焦点を絞ろう。コンフリクトする違いを創造力に変える方法については第8章で詳しく述べる。

退化のシナリオがすでに進行中というときは、特に扱いが難しい。リーダーであるあなたは、それが破壊的な状態になるまで気づかないかもしれない。

リーダーがコンフリクトに関与するときには、すでに関係者同士はお互いを、「敵だ」と位置づけてだいぶ経っている段階だ。

そのような場合、リーダーの対話のスキルが果たす役割は大きい。絶対的なルールというものはないが、社会構成主義の考え方から、敵意を段階的に縮小させ建設的な関係を再建するのに役立ちそうな経験則をいくつか提案しよう。

「現実」を「脱・構成」する

事実上、すべてのコンフリクトは何が真実かに対する解釈の違いに起因する。この考えは、コンフリクトに関わっていないときは簡単に理解できるだろう。

「君は君のやり方で理解している…僕は僕のやり方で理解している…」。

ところがコンフリクトの当事者となると、その解釈は硬くなる。それは単なるものの見方などではなく、世界に関する鋼鉄のように強固な真実になってしまうのだ。

となると、リーダーにとっての課題は、それらの真実が解釈であるというところに当事者を立ち返らせることだ。

それにはさまざまな方法がある。コンフリクトの当事者に、それぞれ相手の立場に立ってみてもらったり、何人か違う人たちの視点から説明してみるように促したり、あるいは、自分自身の見方について何か疑いの可能性はないかを尋ねてみたりするとよい。

また、会話に第三者を参加させることも役に立つことがある。特にその第三者が、コンフリクトしている当事者たちとはまったく異なる見方をしていれば、なおいい。

「違い」を「脱・分極」させる

コンフリクトは、敵対する者たちそれぞれの現実を、ますます硬くするだけではなく、さらに「分極」化させる傾向もある。違いを強調すればするほど、両者は、どんどん極端になっていくのだ。

この意味で、敵対する者たちに自分の側の説明をさせるのは必ずしも役に立つとは言えない。むしろコンフリクトを激化させるおそれがあるからだ。それとは逆に、当事者たちに相手側の立場のよい点をいくつか話してもらうというのは大いに効果があるだろう。

敵対する者たちのほとんどは、相手の立場も、相手がなぜその立場を取っているのかも自覚しているものだ。

ところが、ひとたびコンフリクトに入ると、相手の見方は、ただ単純に退けられるか批判されるに過ぎない。しかし、コンフリクトにある両者とも、口にこそ出さないものの、相手の見方はわかっているものだ。問題は、彼らの内にある、これらの声に気づかせることなのである。

「共通点」を探す

コンフリクトを減らすための最も有名な方法に、コンフリクトしている者同士が共通して力を注いでいるもの——両者が同意できる点——を、双方に探し出させることがある。それは共通の目標、価値観、あるいは成果かもしれない。特定の方針については激しくコンフリクトしている同僚たちも、これらの点については、より共感を込めて話すかもしれない。

たとえば地域活動や組織について評価している点など、お互いに支持し合えるような問題を調べているときなどだ。

コンフリクトしている状況でも、その大半では、異なる価値観よりも共通の価値観のほうがずっと多いことがわかるだろう。

権力の行使を避ける

あなたはコンフリクトしている当事者のどちらが正しいかを決められる立場にあるかもしれない。違いは忘れて仕事を続けなさいと単純に命令できる立場かもしれない。しかし、そのように権力を示すのは賢明ではない。

意見の相違に判定を下すと、負けた側は、遠ざけられた感覚を抱き、怒りを残すだろう。コンフリクトを止めるように命令すれば、秩序の回復には成功するかもしれないが、コンフリクトは地下に潜って進む可能性も高い。それがさまざまな方法で静かに組織を蝕んでいっても、あなたは気づけないだろう。

「私たち」に焦点を当てる

すでに指摘したように、一般にコンフリクトは人々が異なる社会的伝統に属している結果起こるものだ。実際、人の行動が意味を持つためには、関係という伝統が必要なのだ。

この意味で、関わりのプロセスはきわめて重要だ。それ無しでは、私たちは途方にくれてしまうだろう。

けれども敵意は関係の崩壊につながる。憎しみに満ちたコンフリクトにより、当事者同士がお互いに口をきかなくなるか、あるいは、もっと悪い状態になるかもしれない。

したがって、コンフリクトがあるときはコンフリクトにある当事者同士の関係に焦点を当てると役に立つことが多い。


彼らは自分たちの関係をどのように見ているだろうか？

それ以外の「あり方」はあるだろうか？

お互いが、共に存在している未来の理想像はどんなものだと考えているだろうか？

この時点で、会話は良好な関係を維持することの重要性に方向転換するかもしれない。

Chapter 7

対話における「感情」

コンフリクトを扱った前の章で、あえて触れていなかったことがある。その名を「感情」という。

緊張を減少させ得る対話については触れたが、コンフリクトに影響を及ぼす強い感情についてはほとんど触れなかった。怒り、失望、復讐心などのことだ。

しかし、感情について語るには、コンフリクトにおける感情の側面に焦点を当てるだけでは不十分だ。どんな組織であれ、その日常は、さまざまな感情に満ちている。愛、憎しみ、恐怖、プライド、喜び……まだまだたくさんある。

組織論の学者の中には、組織が機能する上で感情は主要な要素だと考えている者もいるほどだ。私たちはそこまでは思わないが、対話における感情の側面を理解することは非常に重要だとは考えている。

この問題を理解すると、リーダーとしての能力が大幅に向上するだろう。組織の人間関係における感情の位置づけを正しく理解するためには、まず感情の本質を再検討する必要がある。

感情は、頭の中にあるものなのか？

一般的に、感情は、生物学的に定められたものだと考えられている。たとえば乳児でさえ、怒り、幸福、恐怖などの基本感情をひと通り持っているとよく言われる。われわれの感情は、進化によって定められたものに過ぎないというのだ。

さらに私たちは、体の中に存在するこれらの感情が表現を要求しているのだと信じてきた。たとえば、怒りの「言葉」は、怒りの「感情」に駆り立てられて出てくるものであり、「笑顔」はその根底にある幸せな感情の結果である、というふうに。

同時にこの生物学的な見方は、やっかいな問題もいくつかもたらしている。対話のテーマに最も関係があるのは「感情表現の背後（＝相手の頭の中）に何があるのか、どうやって知ることができるのか？」という問題だ。

同僚があなたに腹を立てているように見えたとして、どうしたら同僚が「本当に」怒っているとわかるだろうか？

あなたが神経過敏になっているだけで、彼にはそんなつもりはなかったかもしれない。あるいは、彼にとって単にひどい日だったのかもしれない。あるいは、彼はそういう人間なのかもしれない。


さらに難しいのは、表向きに何も表現されていないとき、その背後にたくさんの感情が隠されていないとどうしてわかるのかという問題である。社員の礼儀正しさの裏には山のような恐怖や憤りがないと、どうしてわかるのか？

もしあなたが、

「『感情』は『脳の中』のどこかにあって、表現することを切望している」

という生物学的な見方を採用すれば、あなたにとって他人の心の中に入り込むことが重要課題となる。しかし、残念ながらこの問題は解決できないものであることがわかるだろう。

本当に感じていることを知るために、言葉の後ろにまわって他人の頭の中をのぞくことなど決してできない。さらに、「言葉の裏側に感情が存在する」という考えは、不信感を生じさせる。

この考え方に立てば、私たちは組織を、たとえば「誰も本当の感情を他人に知らせない場所」として見るようになるかもしれない。仲間意識はすべて「見せかけ」に過ぎないのだと。

しかし、今度はこう考えてみよう。

「なぜ私たちは感情について生物学的な見方を受け入れなければならないのか？」

人間の行動に対する生物学的な説明は、たくさんある説明の中の一つに過ぎないと第1章で述べた。それは、世界の地図ではなく、世界についての一つの解釈に過ぎないのだ、と。

もしその解釈が、解決不可能な難しい問題を引き起こしてしまっているとしたら？

もしその解釈が、職場で疎外感を助長してしまっているとしたら？

それは私たちの役に立っていないということになる。その解釈は、われわれがそこで生きていきたいと思うような組織に貢献していないのだ。

だから、別の解釈を検討しよう。

感情とは関係の中における「演技」だ

あなたはダイビングの選手で、オリンピックに向けてトレーニングしている。プールに4回転半の回転飛び込みをしたところだ。

プールから出てきたところで、見物人が、こう尋ねてきた。

「あれはどういう意味だったんですか？」

おそらくあなたは非常に当惑するだろう。行動の背後の意味などないからだ。それ自体が演技なのだ。そして、それは完全に社会的な演技でもある。というのも、あなたはダイビングの仕方を、社会的伝統の中で学んだからだ。

その伝統から「これがそのやり方だ」ということを学んだだけではなく、それは「よいこと」だということも学んでいる。

さらにあなたは、それを主に観衆のために行っている。ダイビングに習熟したのは称賛されるためなのだ。要するにダイビングは関係的行為であり、ダンスやチェスやセックスをするのと、あるいは、対話に参加するのとほとんど同じなのである。

今度は感情を関係の演技（パフォーマンス）として考えてみよう。あなたは感情をどう演じるかを、ダイビングやダンスや話の仕方を学ぶのとほぼ同じように学んでいるのだ。

にこにこ笑いながら、明るく元気な声で「とても悲しいわ」と言うのはふさわしくないということを教えるには、社会的伝統が必要なのである。

そして、この感情の演技にふさわしい時と場所を教えるためにも、まさに同じように「伝統」が必要なのだ。

葬式の帰り際に友人のほうを向いて「今日はとっても幸せよ」と言ったりしたら、本当に奇妙に見えるだろう。


さらにこれらの演技は、その意味を、関係の中でどう使われているかから取得しているのである。

あなたが怒りを演じるとき、大抵は誰かの行為を止めさせたり、彼らを罰したり、あるいは彼らがその行為を繰り返すことがないように、といったことを期待してやっているのである。

逆に喜びの表現は、ほとんどの場合、あなたが価値を置いていることをするように、他の人を促すためのものだ。

誰かに「愛している」と言うのと「憧れています」や「好きです」と言うのとでは、相手に対して暗に期待している行為は異なる。

もちろん、たった一人のときに、それほど突飛でない形でこれらの感情を持つことはできる。たとえば、たった一人で誰かに怒りを感じることはできるはずだ。

しかしこれも結局は、公的な行為が私的な舞台で演じられているに過ぎない。「どう怒るか」「どう喜ぶか」を、一人でその行為をする前に、関係の中で学んでいるのである。

私的な経験とは、人目に触れないところで行われている社会生活なのだ。

「シナリオ」と「対話」

あなたの息子である3歳のトミーが、ボールを追って交通量の激しい通りに入って行こうとするのが見えたら、あなたはどうするだろうか？

まさか「トミー、それはあまりいい考えだとは思えないね」などと穏やかに言ったりはしないだろう。むしろ、恐怖と怒りが入り混じった声で、トミーに向かって「叫ぶ」はずだ。それはなぜだろうか？

あなたの体が、突然そう表現するのを要求したからではない。トミーを今すぐ止めようとしているからだ。

この目的を達成するために、叫び声が必要なのである。それによって、あなたはあなたの役割を果たし、そしてトミーも彼の役割を果たしてくれることを望んでいるわけだ。

しかしもう一つ、気づいてほしいことがある。あなたが叫び、トミーがその場で立ち止まるというこの小さな連鎖は、さらに大きなパターンの一部であるということを。

最初に、あなたが通りに向かっているトミーを見る→危ない！　そして、あなたは叫ぶ→トミーが立ち止まる→おそらくあなたはトミーのところへ行き、なぜあなたが叫んだのか、なぜ通りに出て行かないことが重要なのかを説明するだろう。

だから、ここには小さなドラマ、あるいはシナリオがあるわけだ。シナリオの中のどんな行為も、それだけでは意味をなさない。それぞれの行為は、共通の慣習に従って行われるのだ。

だから、**感情の表現もシナリオの一部なのだ。**さらに長いシナリオの一部でない表現は無意味なのである。

組織の中のシナリオ

以上の考えを理解したところで、今度は、組織について考えよう。

感情の演技が行われそうなシナリオやドラマにはどんなものがあるだろうか。以下の状況を考えてみよう。

●「成功のドラマ」

成功したときは幸せだったり嬉しかったりし、失敗したときにはいらいらしたり悲しかったりするのは当然だ。

●「競争のドラマ」

競争相手が困難に打ち勝って成功したときに、不安になったり心配したりするのは当然だ。

●「正義のドラマ」
不正や不公平な扱いだと思われることには、怒ったり反抗的になったりして当然だ。

●「達成のドラマ」
目標達成に成功したときは、幸福や喜び、あるいは満足を感じるのは当然だ。

これらは、感情の表現が重要な役割を演じるシナリオのごく一部の例に過ぎない。他にも、ロマンスのドラマ、他人から受け入れられるドラマ、愛されるドラマ、裏切りやセクハラのドラマなどがある。

しかし、おわかりのように、感情の演技は現在進行中の関係の一部なのである。私たちの話し方や行動の仕方に組み込まれた進行中の関係の一部なのだ。あるいは、感情の演技とは対話の中の行為なのである。

あなたが同僚を褒めれば、同僚は感謝の笑み（「嬉しい」と感じる）を浮かべるのが普通のこと（慣習）なのである。

もし同僚があなたの考えを人前で批判すれば、あなたが怒りと復讐心を感じるのが普通のことになっているのである。

感情が組織に貢献するか、逆にその機能を損なわせるかは対話のドラマに大きく左右される。そして関係に熟達しているリーダーは、組織という「劇場」で演じられるドラマを、誘ったり変容させたりすることができるのである。

シナリオを変容させる

このような視点はリレーショナル・リーディングにとってどんな意味を持つだろう？　一つには、**背後にある感情についてあれこれ考えるのは重要ではなくなる。**（「彼は『本当は』どう感じているのか？」）

そして、感情が対話の中の行為であるなら、対話の中で変えることもできることを示唆している。

より具体的には、リーダーが直面する重要な課題は二つある。

第一に、どうすればリーダーはポジティブな、あるいは建設的な感情の演技を引き起こすようなシナリオをファシリテート（進行）できるか？

第二に、感情的な「退化のシナリオ」をどうすれば避けるか、あるいは変容できるか？

本書を通じて強調しているように、このような問いに対する最も確実な答えなどない。しかし、理論と実践の両面から、役に立つ知見と提案はある。ここではいくつかのアイデアを紹介しよう。

「招待」を創る

あらゆるシナリオには始まりがある。それは、何らかの発言か行動でその後に続く発言や行動を誘うものだ。

たとえば、よくあるシナリオにこういうものがある。

あなたが「悲しい」と言う（悲しみを表現する）。すると、この単純な行為があなたの気持ちを尋ねるという同僚の行動を誘う。

この意味で、**リーダーであるあなたは肯定的な感情がたくさん生まれるようなシナリオ**

の発生を誘うことができる。それにつながるシナリオへの「招待」を創り出すことで。同僚に元気よく挨拶するのはその簡単な一例だし、社員の仕事を称える機会を作り出すのもそうだ。お互いが仕事で評価できる点について話し合うようチームに促すのは、特別な機会になるだろう。

これらの「招待」はすべて、「達成」や「個人の成功」、「価値を認めること」、「受け入れる」といったドラマから選び出してきたものである。少し想像力を働かせれば、もっとたくさんあることもわかるだろう。

「招待」を避けるまたは辞退する

あなたには、「生成のシナリオ」を誘うことができる一方で、「退化のシナリオ」を避けることもできる。

たとえば、あなたはリーダーとして、ある社員の行動を正すか改善したいとする。率直な批判やいらだち、あるいは脅しで会話を始めると、ネガティブな感情が生まれるだけでなく、二人の将来の関係全体を特徴づけてしまいかねないシナリオを始めることになる。

その社員が怒りや恐怖、復讐心をあからさまに表すことはけっしてないかもしれないが、それとなく組織に害を与えるかもしれない。うわさ話、抵抗、さらには、気づかれない程度の妨害行為は起こり得ることのごく一部に過ぎない。

同時に、部下と同僚があなたに対して否定的な感情を表すこともありうる。いらだった非難や失望、欲求不満など。これらはすべて、「招待」だ。あなたはシナリオに参加するだろうか。

もし、このシナリオが最終的に組織の害になると判断するなら、単に、参加を拒否すればいい。

しかし、怒声に怒声で応えれば、二人の関係の破綻という結末で終わるかもしれないシナリオが始まることになる。

また、返事を工夫することもできる。たとえば「今はこの話をするのはよそう。少し冷静になる必要がある」とか「最初に知っておいてほしいのだが、あなたのこの組織への貢献を私は個人的にとても評価しているし感謝している」と言うこともできる。

要は、単純に自分のパートを演じることをしないことによって、有害なシナリオを終わらせることができるのだ。

最終的な目標は、敵意があったとしても持続可能で建設的な関係を創ることなのである。

「始まり」を再構成する

ネガティブな感情に直面するのは、最も能力が試される場面の一つだ。すでに指摘したように、否定的な感情はシナリオの一部だ。そして、これらのシナリオには「始まり」がある。

誰かがあなたにネガティブなアプローチを取ってきたとしたら、このネガティブなことを誘った何かが、その前に起こっているのである。彼らの悪感情は、どこからともなく現れたわけではない。

だから、あなたはその始まりに再訪問して、それを再構成できないかどうか自分に問うこともできる。

結局のところ、その始まりも社会的慣習なのである。そこには、どう対応すべきかについて絶対的な要求などはない。

ここまでに説明したように「次に何が続かなければならないか」という点では、始まりというのは「根本的にあいまい」なのだ。

だから、もしその人に創造力があれば、言われたことの潜在的な意味を再構成したり再定義したりできるだろう。

たとえば同僚が怒っているように見えたら、以下のように返答することもできる。

● 「機嫌が悪い日の私のお父さんみたい」
● 「銃撃されてるぞ……みんな、気をつけろ！」
● 「何かを恐れていない？」

一番目のシナリオは、怒りという「演技」に対してわずかに注意を向けている。
二番目のシナリオは、そこに皮肉を込めたユーモアを加えたものだ。
三番目のシナリオは、怒りを恐れに「再構成」したものだ。

もちろん、これらのどれかがうまくいくかどうかは、それは、その同僚の次の発言にかかっている。

「結末」をファシリテート（進行）する

シナリオには、始まりへの招待だけがあるわけではない。結末もある。何らかの発言か行動があって、そして参加者たちはいつもの状態（日常生活）に戻るというものだ。

あなたが誰かの悪事に対して怒りをもって非難したとする。その人からの誠実な謝罪があれば、二人の関係は元の良好な状態に戻るかもしれない。謝罪を受け入れることによって、あなたはシナリオを終わらせる。あなたは、いつもの生活に戻ることができる。

ということは、場合によっては破壊的なシナリオを溶かす最適な方法は、結末まで演じ切ることだということになる。

謝罪はたとえの一つに過ぎない。社員から「不公平だ」と批判されたとき、防衛に入ることを避けるのが一番いいかもしれない。

批判に対して反撃の批判の反応を返せば、致命的なシナリオを招くかもしれない。そこに勝者は誰もいない（全員が負ける）。

それなら、最も望ましいのは、非難の「所在位置を突き止め」て、訂正や修正をするために自分ができるだけのことをすることだ。

Chapter 8

「クリエイティビティ」と「イノベーション」

昨今、組織で最も流行りの言葉といえば、「クリエイティビティ」と「イノベーション」だ。なぜか？

この双子のテーマは、かなりの部分、地球規模の変化によって引き起こされた混乱から出現したものだからだ。

技術の進歩によって、新しい課題とチャンスが次々と生まれていると第1章で述べた。あらゆるところに、新しいマーケットの創造、さらなる多様性への対処、急速に変化する状況への適応、新しい組織形態の開発といった難題が存在する。

そして競争がグローバルになったことで、「クリエイティビティ」の必要性は継続的で途切れることがない。

しかし、クリエイティビティおよびイノベーションと対話との間に、一体どんな関係があるというのだろう?

簡単に言えば、対話のプロセスは新しいアイデアを刺激し発展させるための重要なカギだ。対話に本来備わっている力を利用できるなら、クリエイティビティは無限で、イノベーションが実現するだろう。

対話はクリエイティビティの基盤

クリエイティビティについて考えるとき、一般的には、クリエイティブな個人に焦点が当てられる。比類ない天才のことだ。

すぐに思い浮かぶのは、ミケランジェロ、ガリレオ、モーツァルト、シェークスピア、アインシュタイン、エジソン、ゴッホのような偉人だ。

彼らはアイデアをまるで独自に思いついたかのようにその偉業を称賛されている。

だが、ちょっと考えてほしい。もしも物理学用語がなかったら、アインシュタインはどうやって物理学の問題について考えることができただろう？　言語がなかったら、そもそも考えることなどあっただろうか？

言語は、本来、関係の中にいる人々が作り出したものだ。それが会話の中でどう機能するかに人々が合意したときだけ、言葉は意味を持つ。

つまり、そもそもの出発点から、アインシュタインはまず関係のある伝統に参加している必要があったわけだ。伝統を共有することによってのみ、彼はそこに何らかの貢献をすることができたのである。

では、どうやってアインシュタインはこの伝統に新しい貢献を加えることができたのか？　もう一度考えてみよう。われわれは構成された世界に住んでいることを第1章で簡単に説明した。

たとえば物理学の世界では科学者たちは、クォークやブラックホールやヒッグス粒子などといった言葉で、宇宙に対する理解を共同で構成している。それらの一連の理解が、科学者たちが現在行っている研究を可能にしているのである。

同様に、他のグループもサッカーやファッションや農業などの世界を構成しているのである。それぞれが、そのグループの中で一緒に話すための会話の仕方や共同活動のための行動の仕方を持っている。

しかし、伝統に参加すること自体はクリエイティブとは言わない。単にいつも通りの生活をしているだけだ。実際、伝統を受け入れることによって、われわれは、クリエイティビティの可能性を減らしている。

もし私たちがたった一つの伝統の中で暮らしていて、それが唯一あなたが知っていることであり価値を認めていることのすべてだとしたら、その伝統を維持する以上のことはできないだろう。「外」があることを知らなければ、「箱（既存の枠組み）の外」について考えることもできないのだ。

となると、クリエイティビティのカギは、たった一つの関係性の伝統に参加することではなく、**少なくとも二つ以上の伝統に参加するということになる。**これには二つの理由がある。

複数の関係性の伝統に参加する意義

第一に、もし私たちがたった一つの伝統に住んでいる場合、その世界の解釈を、真実であり正しいと見なすようになるだろう。自分たちは正しいと知っている以上、さらに捜し求める必要はなくなる。

たとえば、私たちは子どものときに太陽は昇って沈むことを学ぶ。これは真実で信頼できるし、正しい。しかし、もう少し大きくなると、「日の出」や「日没」と呼んでいるものには、別の理解の仕方もあることを学ぶ。

「そうか、これらの事象は地球が太陽を回っている結果だったんだ……!」

この時点で、われわれは絶対確実なものだった語彙が、世界を説明するための方法の一つに過ぎないことを理解する。それ以外にも、他の方法が存在するかもしれないのだと。

実際、もし、複数の伝統に加わることができれば、私たちは相対的に考えることができる。たった一つの理解の仕方に縛られずに、それを保留にしたりいろいろな角度から見たり、別のものを試したりすることができるのだ。

複数の伝統に加わることがクリエイティビティのカギとなる二つ目の理由は、新しい組み合わせが可能になるからである。斬新さが生まれるのは、複数の伝統に由来する考えや行動を結びつけたときなのだ。借りたり、吸収したり、結びつけて考えたり、試したりしてみることによって。

小さなクリエイティビティは日常的に発揮されている。目的地へのルートの一つは、景色はいいが時間がかかる。でも、もう一つのルートは早く着くが退屈だ。そうわかっているとき、適度に早く着いて楽しめるルートを探すこともできるのだ。

クリエイティビティの方法

複数の伝統をクリエイティブな関係に持ち込む方法はたくさんある。たとえば、多くの本にも書かれているものとして「発散思考（divergent thinking）」がある。

これは、一つの問題に対してたくさんの解決策を生み出すというものだ。もちろん一人で行うこともできるが、グループで行ったほうが生産性ははるかに高い。

もう一つの方法は、「関連づけ」だ。基本的には「これは何に似ているか？」と尋ねることである。

科学では、クリエイティビティの非常に多くの部分がメタファーに依存している。これは、別のところからイメージやアイデアを借りてきて研究を体系づける新しい手段として利用する方法だ。

たとえば神経科学者は「脳」を「コンピュータ」と見ることによって、まったく新しい形の研究を始めた。

物理学では、光を「波」と描写することによって、実り多い研究の流派が形成された。また一方では、「粒子の流れ」という光のメタファーを使うことによって、別の有益な研究が促進されている。

組織論の世界では、私たちは伝統的に組織は「ピラミッド」で、そのトップにいる者たちに指揮権が与えられていると見なしてきた。そしてこの見方が組織における日々のわれわれの行動を特徴づけている（組織の中で、どうふるまうかを私たちに教えてくれる）。しかし、もし私たちが組織を「対話のプロセス」と見るなら、これまでとはまた完全に違う人生を創り出すこともできる。

要約すれば、思考と行動のあらゆる伝統は、関係の中にいる人々に起因するのである。そして、対話は人々が共に意味を創るための中心手段なのである。

人と人との結びつきからイノベーションが起こる

「クリエイティビティ」と「イノベーション」の大部分は、複数の「伝統」の「間」で行われた「対話」の結果だ。

これは、創作活動において個人は重要ではないということだろうか？　まったくそんなことはない。二つ以上の伝統に存在しているからこそ、個人は創造的な仕事に携われるのだ。

第2章の「多元的な存在」の話を思い出してほしい。そこで私たちは、個人を、過去のあらゆる人間関係――対面によるものや、本や映画からのものなど――に起因する、きわめて多岐にわたるリソースを持っている存在だと説明した。

私たちは、大勢の人々と共に働いている。だから、私たち全員に膨大なクリエイティビティがあることになる。もし頭の中で、これらの「多元的な存在」との対話がふさわしい方法で刺激されるなら、イノベーションは起こるだろう。

しかし、人々を結びつけることで、私たちは利用可能な視点を何倍にも増やすことができる。そしてそれは、多くの専門分野が関係しているときには特に重要になる。さらに、集団で活動しているときに人の熱意は非常に高まるので、共同作業は生産的になるだろう。

「個人」から「社会性」へのシフト

私たちはクリエイティビティについて、西洋文化から非常に個人主義的な見方を受け継いできた。

しかし、ここまで私たちが示してきたように、そのような見方は人を誤らせる。**クリエイティビティは関係という土壌から芽生えるものだ。**

とはいえ、近年ではイノベーションにおける社会的プロセスの重要性がますます明らかになりつつある。

対話が持つ可能性が認識され始めたころ、その有効性を証明したのはブレーンストーミングだった。これは、大量のアイデアを——判断を加えたり非難したりせずに——創り出すことによって、質の高いアイデアが生まれるという考えに基づいている。

ブレーンストーミングの前に「ブレーンライティング」を行うとさらによい結果が得られると提唱する専門家もいる。

ブレーンライティングでは、参加者はまずアイデアを紙に書いてから、それをグループで見せ合う。ここでは基本的に各人が、頭の中で多くの伝統と対話することができる。

役立つアイデアを集団によって生み出すためのより体系的な方法には、デ・ボーノの「6色ハット発想法」がある。

一般的に、この方法は、対話の習慣的なパターンを打ち破るのに役立つし、参加者がさまざまな観点に立つことを促し、早まってどれか一つの観点に固執するのを防ぐ効果がある。

学術研究によって、「社会的つながり」の重要性にも新たな要素が見出されている。

ここで特に関係があるのは、「構造的な穴」に関する初期の研究である。この研究によると、組織内のある種の人々は、他のグループが持つアイデアや情報を入手できる。このような立場にいる人々は、組織構造の「穴」、つまり情報が出たり入ったりできる通路になっているのだ。

多くの研究で実証されているように、「構造的な穴」は、組織の活力にとって不可欠だ。たとえば、ある調査によれば、経営陣が、自社や自社が属する業界を越えて幅広い人間関係を築いている企業のほうが高い業績を上げているし、合弁事業を行っていたり提携を結んだりしている組織のほうがより多くの特許を獲得している。

会計事務所も、顧客企業の業界とより強い関係を結んでいるほうが生存率は高い。半導体業界でも、自社の技術分野外の企業と提携関係を確立している企業のほうがイノベーションを起こす確率が高いし、小規模製造業では、社外からアドバイスを受けられる企業のほうが競争力は高い。

要するに、**社外の人々との会話を促進することによって、イノベーションが活発になるのだ。**

このような研究に触発されて、共同でクリエイティビティを発揮するためのアイデアや手法がたくさん生まれている。組織と研究者たちは、意図的なクリエイティビティの開発に特に熱心である。これは、専門のグループを使って実用的なイノベーションを起こす手段と見なされることが多い。

もともと需要が存在しないところに新製品やサービスを投入することで新たに需要を創

出するようなイノベーションを生み出すことを意味する場合もある。

この種の活動の大半で最も重要なのは、グループにより多くの観点を持ち込むことである。以下で、これら最近の進展から生まれた主要なアイデアをいくつか説明しよう。

「リーダーシップ」と「創造のプロセス」

グループのクリエイティビティが危うくなっているとき、「リレーショナル・リーディング」は不可欠である。クリエイティビティを発揮するように命令することはできないからだ。あなたが社員だとして、「新しい、重要なアイデアを考え出しなさい。さもないとクビだ!」と言われたら、たぶん、その場に立ちすくんでしまうだろう。

クリエイティビティは、偶然が織りなす繊細なクモの巣状の網に大きく左右される。命令することはできないが、この網を紡ぐためには熟達したリーダーが不可欠になる。

リーダーの主な任務は創造のプロセスをファシリテートする(進行させる)ことだ。

リーダーは、「プロセス・リーダー」となる。プロセス・リーダーは、まず、新しいアイデアを出しやすい環境を整える。その後で、アイデアの「評価（エヴァリュエーション）」と「実行」を助ける。

これは、「管理」と「意思決定」が分権化されなければならないことを意味する。リーダーは、コントロールを手放し、一種の「構造化された無秩序」を育てる準備をしていなければいけない。

リーダーには、プロセスの結果を予測することはできない。しかし、新しく刺激的な選択肢が出てくるだろう。どうすれば、リーダーは、「創造のプロセス」に最も貢献できるだろうか？

これから、主要な3つの方法を簡単に説明する。

❶多様性を促進する

クリエイティビティは、知識や専門技術といった、一つかそれ以上の伝統が結びついたときに最も発揮される。だから多種多様なバックグラウンドから人々が混じり合ったときに、本物のイノベーションが起きる可能性が最も大きくなるのも明らかだろう。

おわかりのようにこれは、クリエイティブなチームには、異なるタイプの知識や専門技術、経験や観点を持つ人々が加わっているという考えを裏づけるものだ。チームにさまざまな職能部門からの参加者を含めることや、さまざまな階層からの参加を促進することにも十分な理由がある。このような会議では相乗効果（シナジー）が活発になるだろう。

リーダーの対話のスキルも重要である。他の参加者にとってリーダーが重要なモデルになるからだ。多様性を促進する上で特に役立つスキルもある。それは「反応のよい好奇心」だ。

伝統的な組織では、個人は「自分の領土を知っていること」、つまり、自分の職務に関する専門知識を持っていることに責任を負っている。だから会議では、特定の専門知識に基づいて意見を述べるように求められるのが一般的だ。

そこで重視されているのは、「吸収」ではなく、「プレゼンテーション」だ。しかし、それぞれ独立した意見が10個あっても、クリエイティビティ（創造的な結果）は生まれない。これを少し、あれを少し、提供するだけでは十分ではないのだ。

クリエイティビティを生み出すために不可欠なのは、他の人たちが提供するものに対する好奇心だ。ただし、それは単に言われたことを理解するかどうかの問題ではない。**問題は、言われたことに対して「反応がよい」こと、そして、それが持つ可能性を「吸収」することなのである。**つまり、こう言えるような聞き方をすることだ。

「それは興味深い。なぜなら〜とも関係があるからだ」

「反応のよい好奇心」のスキルは、創造的な成果を生むための基本的な構成要素なのである。

❷信頼を生み出す

「指揮統制」型の組織で支配的なマネジメント形態は、「恐怖による経営」として描写されることが多い。多くの組織が、社員を管理し、その仕事の質を確保するために人事評価に依存する。しかし評価されるという恐れのもとで働いていると、社員のクリエイティビティは制限される。

クリエイティビティの本質は「逸脱」にある。つまり、伝統的なやり方から外れる危険を進んで冒すことである。しかし、「指揮統制」型の組織では、逸脱は脅威として、最小限に抑えられる。

このような状況のもとでは、社員は上司が喜ぶように振る舞うか、実質的にすでに存在する考え方をまねるほうを選ぶようになる。既存の見方に異議を唱えたり別の案を提案したりするのは、自ら面倒を招くようなものだ。

それでは、私たちは、——リーダーとしても、同僚としても——どうしたら、クリエイティビティを奨励できるだろうか？

リーダーにとって第一にすべきなのは、クリエイティビティを重んじ、組織にとって重要だと認めることだ。それから、メンバーが自由にリスクを取って、新しい、それどころか過激とも思えるアイデアさえも、育てたり実地に試したりできるようにしなければならない。

また、リーダーは、クリエイティビティが重んじられ、マイナスの評価を受けるという懸念ができるだけ小さくなるような、安心できる社風を確立する必要がある。

自由に発言できる環境の確立に加えて、リーダーは自らが模範となって大きな違いを生み出すことができる。

この場合に特に重要なのは、他人をばかにしない態度である。つまり、誰の提案についても、つまらないとか、的はずれだとか、ばかばかしいと言って退けてはいけないということだ。

提案はすべて、可能性を秘めたものとして扱うべきである。この態度を強調するのは、評価という脅威を取り除くためだけでなく、むしろ「構成主義」の観点からである。

私たちは、関係の中で意味を決定するので、話すときは基本的に自分が属している人間関係の観点からものごとを理解している。だから、くだらないとか的はずれだとか無知だとかと思える意見を聞いたときは、本当は、別の解釈をする伝統から異議を唱えられているのだと思ったほうがいい。

あなたのとは別の関係の中では、そのアイデアは完全に理にかなっているのである。だからその意見を退けたりばかにしたりするのは、クライアント、聴衆、顧客など、組織の重要なステークホルダーになるかもしれない人々を黙らせることになってしまうのだ。

❸熱意をかき立てる

組織におけるモチベーションの源泉は何だろうか?

長年にわたって多くの答えが提示されてきた。しかし、依然として「指揮統制型」が、社員を動機づける主要な手段として使われている。

この場合、社員は一方では罰に、他方では報酬によって動機づけられる。確かに「アメとムチ」は社員の行動に強力な影響を与える。

しかし同時に、**指揮統制が社員の情熱を育むことはない。**何か新しいものを創り出すために、もうひと頑張り、余分な努力を払ってでも既存の境界線を越えようとする熱意のことだ。第1章で説明した社会構成主義の観点では、モチベーションの主な源泉は「関係」に遡ることができる。

行動が、やる価値を持ったりワクワクするものになったりするのは、その人が参加する集団の価値観や社会の伝統による。ロッククライミングであれ、トマト栽培であれ、あるいはもっとよいネズミ捕りを作るであれ、欲求も喜びも関係に源がある。

つまり、革新的なアイデアを創出しやすい環境をできるかぎり整備したいと思うなら、価値が共有される関係を確立することが重要であるということになる。参加者たちが、互いに目標と努力を共有し、そして価値を共有しなければいけない。

価値の共有が浸透することで、驚くほど熱意は高まる。それは勝利しているチームを見ればわかるだろう。

リーダーがグループに参加することには、それ以上の意味もある。リーダーは「鑑賞的反応」をすることによって、特に重要なお手本になれるからだ。**「鑑賞的反応」は、誰かが言ったことの価値を認める反応の仕方である。**

グループのメンバーがアイデアを示したら、これは価値あるアイデアか否かという判断を下すことが最初の反応であってはならない。むしろ、まずその提案が妥当なものであることを認めるのだ。

それから、その案に価値を加えるのである。たとえば、「それはおもしろいアイデアだ。ハワードの研究グループからそれに対するいろいろな支援を得られると思う」とか、「ウーン、それは考えたことがなかった。君の意見からすると、マーケティング部門から人を招いて、私たちがしていることについて話し合う必要があるようだね」のように言うことができる。

このように鑑賞的な返事をしたからといって、リーダーのあなたが最終的にこの提案を受け入れなければならないというわけではない。

むしろ重要なのは、熱意と、新しいリスクを伴う提案が評価されるという感覚を、グループに育てることだ。それぞれのアイデアが実行可能かどうかは、グループの議論が進むにつれて明らかになるだろう。

クリエイティブでイノベーティブな組織

小さいグループの中での創造プロセスや個人の思考を育むことは、組織にとってきわめて重要だ。しかし、先見性のあるリーダーは、全社的にクリエイティビティと革新性に富んだ組織について考え始める。ここでは創造のプロセスは特別な場合や特別に指名されたグループに限られるのではなく、組織の日常となる。

もちろん、今までに述べたすべての点においてリーダーは重要なお手本になる。しかし、他にもリーダーが責任を持って決定すべき大事な問題がある。これまでの議論に加えて以下の意思決定を行うことによって、クリエイティブな組織へと大きく前進できるだろう。

❶「構造的な穴」を開発する

組織のメンバーに、外部のグループに参加したり、新聞や本を読んだり、セミナーに出るなどするように奨励する。メンバーがより広範なネットワークに加わっているほど、より幅広いアイデア、価値観、および解釈の視点を組織に持ち込むことができる。

❷「多様性」の最大化を図る

性別、民族、経済状態、教育などの観点からの多様性を、組織のあらゆる段階で最大限実現することが奨励されねばならない。組織がより多くの意味づくりの伝統を選択肢として持っているほど、革新的なアイデアを生み出す可能性も高まる。

❸「連携し合う関係」を生み出す

適切な状況のもとでは、集団活動の量が多ければ多いほど、革新的な成果を得られる可能性も高まる。

革新的な組み合わせが生まれるのは、多様な背景を持つ人材が集まるときである。だから最善なのは、職務や組織の階層を越えた、いくつものチームが一緒になって協力が行われるようにすることなのだ。

そして創造活動の成果は、組織外のグループ――顧客、研究者、他の組織など――とのコラボレーション（協働）によって、さらにもう一段階向上する。

❹「知識の共有（ナレッジ・シェアリング）」を促進する

多くの組織で、情報をサイロに閉じ込める傾向がある。つまり、情報を部内だけで共有して溜め込んでおく傾向があるのだ。

その結果、組織内の情報伝達のルートは硬直する。創造的な成果を最大限得るためには、情報伝達ルートを開放的なものにして、情報の共有が組織全体を通じて行われるようにしなければならない。

「あなたが知っていることを私が知ることで、私の前に新しいドアが開けるかもしれない」のである。

❺自由と自信と遊び心を育てる

自分を全知の英雄だと見なすリーダーは、クリエイティビティを育みにくい。答えを知っていることよりもはるかに重要なのは、ふさわしい質問ができることだ。自由な発言を生み出し、その価値を認める問いかけをするほうが、はるかにうまくいくだろう。

自由と自信を促進するためには、新しいアイデアを育てる上で重い障壁になり得る管理と評価をできるかぎり減らす必要がある。

陽気な雰囲気を作ることも役立つだろう。音楽、ゲーム、飾り付け、楽しいコンテスト、および特別な衣装はすべて、イマジネーション（想像）の自由を促す上で役立つだろう。

Chapter 9

「共同で構成するもの」としてのコーチング

今日の世界状況は、われわれに、リーダーシップについての新しい見方が必要だと訴えかけている。リーダーは、意味づくりという絶え間ない流れの中で、部下・社員たちと共同で取り組むことが求められている。

意味づくりとは聞くこと、吸収すること、合成すること、創造すること、協働・連携すること、新しい道を開き続けることだ。

この新しい形のリーダーシップはさまざまに特徴づけられるが、対話という観点から言えば、最も有効なイメージの一つが、「コーチの対話」だろう。ただし、ここでイメージしているのは、クライアントの生産性を最大化するための一種の「トレーナー」としてのコーチではない。

もし、われわれが、組織を「機械」として捉えるのをやめ、組織を、動的で、不確定で、生産的な「絶え間ない継続的な『対話』の流れ」として捉えられれば「コーチとしてのリーダー」という新しい見方が生まれてくるのに気づくだろう。どうすれば、リーダーは、社員と、率直で信頼できる対話ができるのかを知りたいと思うようになる。

一体どうやって、そのような対話が関係のプロセスをさらに豊かに高めるのか?

どうすればリーダーは組織の中にもっと広範に新しく何かを生み出す対話(生成的な対話)に貢献できるのだろうか?

と同時に、どうすればリーダーは社員たちを利用すべき「モノ(対象)」や「資源」として扱うのではなく、(それぞれの)家族や仲間や地域に積極的に関与している「参加者」として扱うようになれるのか?

関係の行為としてのコーチング

「コーチ」のことを、関係のプロセスの熟練者と捉える見方は、いろいろな面で役に立つ。しかし、ここでは、組織におけるリーダーと社員との間の、仕事上の対話としてのコーチングに絞って話をしたいと思う。

これは、コーチとしてのリーダーが、アイデア、希望、行動計画について、社員を、熟考へと誘う特別な形のやりとりのことだ。

私たちが特に関心を持っているのは、社員が、組織の目標とニーズを、自分自身の経験、スキル、目標、および個人的な夢と結びつけられるような方法のことだ。

実際、コーチング（セッション）は、「社員」と「組織」の両方にとって有益であるべきだ。うまくいけば、組織コーチングは、組織における、具体的な問題を解決したり、課題に対処したり、新しいアイデアを創り出したり、社員の人生と仕事を融合させたりすることに役に立つ。

コーチとしてのリーダーにとっての挑戦は、自分の理解や行動についての探索と熟考に、どのように、社員を「誘う」か、だ。一方、社員たちの務めは、「対話」のテーマを設定し、「問い」や「熟考」、「新しい視点」、そして、願わくば、新しい形の理解に対してオープンになることだ。

「コーチング・ダイアローグ」では、通常、パートナー同士である双方が何かを学ぶことが多い。社員の視点を聞き、それについて熟考することによって、リーダー自身も学び、インスピレーションを受けることができる。

リーダーのコーチとしての役割については、伝えたいことは山ほどあるが、対話という観点からは、コーチング・ダイアローグを難易度の高いものにしている二つの課題がある。

一つは、「信頼」であり、二つ目は、「多角的なレンズ」だ。

信頼関係を創り出すむずかしさ

社員と信頼関係を創り出せないリーダーは、コーチングで低迷する。

どういう意味かというと、まず最初の段階で、コーチング・ダイアローグが自由意思をベースに行われなければいけないことを意味する。

リーダーは、コーチング・セッションを持つことはできても、社員に対して参加を義務化したり圧力をかけたりすることはできない。

二つ目に、何をやろうとしているのかについて、リーダーと社員との間に相互理解があること。成文化されていない契約のことだ。

契約は明確でなければいけない。さもなければ、その対話は、ぼんやりと曖昧で混沌となり、しまいには、不適切な個人的な問題に深く入り込んでしまう結果になるだろう。

リーダーは、コーチとしての自分の役割について、明快で、透明性を持っていなければいけない。自分は、セラピストではない、と。そして、**その対話のフォーカスを、組織のビジョン、ゴール、そしてバリューに、常に置き続けること。**

そして、リーダーと社員の双方が以下のことについて「意図的」であること。「なぜ会っているのか？」「何について話し合うのか？」「このセッションの時間はどのくらいの長さにするのか？」そして、このセッションの機密性を守ることについて。

このセッションで希望することと期待することについて、相互理解している必要がある。

信頼と明快な契約が必要であることは容易に理解できるだろう。しかし、だからといってこれらの目標をいつでも簡単に満たせるわけではない。一つには、権力の問題がある。リーダーであるあなたには、社員の人生に重大な影響を与える決定ができるという事実がある。

そのため、コーチング・セッションでこの力を使う誘惑も出るかもしれない。そして、社員は、警戒したり、防御的になったり、それどころか、それを巧みに操ろうとするかもしれない。

すべての社員が、家族、友人、隣人、健康保険制度などといった、複雑に入り組んだネットワークの一員でもあるのだ。組織における職務の他に、多くの義務や果たさなければならない役割を持っている。リーダーは、社員を畏縮させることなく、彼らが抱えているこれらの要求や義務も尊重しなければならない。

さらに、信頼関係があるとき、社員は個人的なことを打ち明けたいと思うかもしれない。感情的な問題や、家庭問題、ドラッグや飲酒の問題など。助けやアドバイスを求めるかもしれない。このような問題に関する絶対的なルールはない。

繰り返しになるが、コーチング・セッションには、確固とした契約があるということをクリアにしていることは重要だ。おそらくリーダーは、社員に、セラピストや医療機関、あるいは法律事務所など他の機関に支援を求めるように指示したいと思うだろう。その問題について知っていることで、組織でのその社員の将来に関わる判断にバイアスがかかる可能性があるときは、特にそうだ。

「多角的レンズ」を持つことのむずかしさ

コーチング・ダイアローグの複雑さの二つ目は、対話の中にある複数の側面を同時に考慮に入れながら進めなければいけないということだ。

先の章で、われわれは「二重の関与」について触れた。二重の関与とは、実際に話されていることの内容だけではなく、それがこの関係にどういう意味を含んでいるのかの両方を聞き取る能力のことを指す。

たとえば、社員が給料を上げてくれと要求したとすると、そこには、単なる経済的なことだけがあるわけではなく、その社員との未来の関係についての意味も含まれる。

となるとコーチングでは、常に二つの形態の会話が同時進行で起こっていることになる。

①会話の具体的な内容　（テーマ、アイデア、提案）

②関係のプロセス（例：信頼、尊敬、価値、互いにどう関わり合うか）

コーチングの場では、さらに、もう二つ、加えなければいけないレンズがある。

社員の豊かさ

例：ワークライフバランス、学習と開発、夢、仕事における可能性と未来の展望

リーダーは、ここでの会話が組織の内と外の両方でこの社員にどんな影響を及ぼすのかについて常に注意を払っていなければならない。

たとえば弱点や短所を打ち明けすぎるのを許せば、あなたの相手に対する信頼が薄れるかもしれない。喜んで話を聞くことによって、社員に害を与えることになるのだ。

さらに、相手が何か新しい困難なプロジェクトを始めようとしているとしたら、これは社員の組織外での人生に、どんな影響を与えるだろう？

組織の豊かさ

例：この会話によって、組織の他の社員には、どんな影響を与えるのか？
この問題に関心がある社員は他に誰がいるか？
ここでの会話は、他の社員やステークホルダーの目にどう見えるのか？

ここでも、組織の豊かさにどのように影響するのかについて常に注意を払わなければならない。

社員に対するあなたの質問とアドバイスは、組織内の意思決定と行動にどんな影響を与えるだろうか？　社員にとっては最善なことも、組織の目標に衝突する可能性もある。デリケートで創意に富む会話が必要になるかもしれない。

コミュニケーションの専門家であるバーネット・ピアスは、次のようなメタファーを使って描写している。対話に熟達したリーダーは「ゲームマスター」だと。

ゲームマスターとは、対話の中にある数々の違う層を認識し、それらの次元の間を、効果的に動き回れる人のことだ。

有益なコーチングのための対話のツール

もしかしたらあなたは、よいコーチングとはただ単純に質問をして慎重にアドバイスをあげれば十分だと思ったかもしれない。しかし、生産性の高い対話とは、特別なスキルだ。ここまでの章で説明したノウハウに加えて、コーチングをさらに実りあるものにする上で役に立つ対話のツールというものがある。ここでは、そのうちの3つを紹介しよう。

❶1対1で問題を外在化する

社員がコーチングをするとき、たいていの場合、問題からセッションを始めることが多い。そして、問題が議題として挙がっていれば、当然誰しもその問題の根源を探っていく傾向が強くなるものだ。

しかし、社会構成主義からアプローチすると、あなたが、最初に知っておくべきことは、問題とその根源について話すかどうかは、あなたのオプションであるということだ。われわれにとって、それは現状について話すための数ある方法のたった一つでしかない。そして、それはベストな方法ではないもしれない。

つまずきの石と飛び石の差は、単なる言い回しの違いに過ぎない。

とはいえ、あなたの社員は、自分は問題に直面している、と完全に信じていて、ある種の無力感を感じているということは言える。上司として、あなたは、その問題を表面的に扱い、避けるというわけにもいかないだろう。

ここで紹介したいのが、ナラティブ・セラピストたち*が発見した問題の根源を「リフレーミング（別の枠組みで見る）」するものだ。特に、本人が、無力感や恐怖感、憂鬱感、葛藤を抱えているときに有効だ。この「リフレーミング」は、「外在化」とも呼ばれている。

*訳注：ナラティブセラピーは、社会構成主義の影響を受けた精神療法で、患者［セラピストとの対等性を重視してクライエントと呼ぶ］が語る自己の物語と治療的対話を通じた語り直しによる意識の変革を重視する。

「外在化」とは、その問題に名前を付け、それをその本人の外側にあるもの、本人とは別個のものとして扱うことを指す。

たとえば、ある社員が自己批判に苛まれているばかりに仕事がうまくいっていないとする。コーチは彼に、その自己批判に名前を付けてはどうかと提案する。たとえば、ミスター・ジャッジ（裁判官　Mr. Judge）とか。

自己批判という問題が、名前を付けることによって擬人化され、本人から遠ざけられることで、コーチは、その社員に対して、どうすれば「ミスター・ジャッジ」をつけあがらせないようにできるか、自分の邪魔をしないようにできるかについて質問を始めることができる。

❷サークル・クエスチョンを問いかける

この世に純真無垢な質問など存在しない。どういう意味か？　最も単純な質問ですら、現実を創るということだ。

たとえば、誰かに健康のことを訊ねる。それだけで健康が重要であること、そして、そのような個人的なことを聞けるだけの関係の深さがこの二人にあることも示されている。

伝統的な問いの型として、「リニア・クエスチョン」がある。リニア・クエスチョンとは、「原因と結果」の関係を前提としたものだ。

たとえば、以下のような質問はよい例だ。

「彼にとってやりがいのあるものにするために、あなたは何ができますか？」

「あなたを怒らせている原因は何ですか？」

リニア・クエスチョンは、世界を単体あるいは個人に分類し、ビリヤードのように、それらがどのようにお互いに影響し合うかを見る。

しかしそれは、組織における人の行動を見るための方法の一つに過ぎないし、多くの場合において、特に効果があるというわけでもない。

なぜなら、「リニア・クエスチョン」は、組織の複雑性を削ってしまう傾向があるからだ。

このような質問は、予測と統制を重視するあまり、組織を、まるで機械であるかのように捉えることから発生したものである。そして、このような見方はたいてい、「人は本来アメとムチによって動かされる」という考え方とセットになっていることが多い。

しかし、意味づくりのプロセスという観点に立つわれわれにとっては、組織は生命体として見たほうがより機能する。

その内部では絶えず意味が作られていて、しかもその意味は常に変化し続けている。何が真実で、何が価値があり何がよいのかは、常に生産中のものなのだ。

このプロセスと重要性に注目してもらうために、われわれはこれを、「サークル・クエスチョン」と呼んでいる。サークル・クエスチョンは、元々は家族セラピーの分野から来ている。

そのフォーカスを、個人からその個人が属しているより大きなプロセスへとシフトさせたものだ。

サークル・クエスチョンは、この、より広いプロセスへの意識を創り出す。特に参加者たちの間の関係だ。

すると問題が予測と統制から、共同行為・連携へ移動する。サークル・クエスチョンは、組織の中でまさに今進行中の複数の現実に焦点が当てられることが多い。そして、この多元世界の中で、どのように関わるかということに注目するのだ。

❸対話のフェーズを意識する

組織での毎日では、リーダーと社員の対話には時間の制約があることが多い。今日のリーダーは、多くの社員に対して責任を負っていることが多いからだ。われわれがこの本で挙げてきた対話の例よりも、問題はもっと複雑なことのほうが多いだろう。

この点で、カナダの精神科医であるカール・トム氏による研究がきわめて役に立つだろう。セラピーにおける問題への取り組み方に関する彼の視点は、コーチングにも通用する。

彼の「対話」の全体構造は特に重要だ。

コーチングに当てはめると、セッションは、およそ以下の6つの段階に分けられる。

①フレームを設定する

このセッションのゴールとこのセッションに求めるものを設定する。
何がここでの話し合いの課題なのか？
この対話に、どのくらいの時間をかけられるのか？
そして、秘密保持も確認し合うこと。

②「現在」を探索する

取り上げている問題に関係する現在の状況を描写する。

③「過去」と「関係」を探究する

問題の歴史あるいは経緯を調べる。
現在の状況は、どうやって起こったのか？
そのときの状況は？
誰が関わっていた？
他の人々の目にこのことはどう映っているか？
以前は、どんな戦略や手法が成功したか？

④「未来」を描く

望ましい未来の状態について考える。
どんな希望や目的を持っているのか？
あなたの理想の状態はどう描写できるか？
その未来図に、他の人たちは、どのように参加しているか？
他の人たちの目には、それはどんなふうに映っているのか？

⑤具体的なアクションを計画する

思い描いたゴールを達成するためにどんなアクションを取るのかを熟考する。
あなたには何ができるのか？
それは、どう実行できるか？
あなたを助けることができる人は誰か？
誰と話す必要があるか？

⑥「まとめ」と「エヴァリュエーション」

セッションを振り返って、一つひとつの段階の内容を要約し、計画を完成させる。

それから、忘れてはいけないことが、もう一つある。コーチングの対話そのものと同じくらい大事なことだ。

今後の対話と行動でフォローアップすることだ。

おわりに

コーチングでの対話を簡単に説明したところで、本書の試みは終了する。

確かに「リレーショナル・リーディング」には、「対話」のスキル以外にも多くの要素がある。しかし事実上、リーダーシップのどんな側面も、コミュニケーションの領域の外で発揮されることはないだろう。

本書のページを埋めているアイデアと方法が、あなたがこのプロセスに加わる一助になることを私たちは切に願っている。

ダイアローグ・マネジメント

発行日　2015年11月20日　第1刷

Author	ケネス・J・ガーゲン／ロネ・ヒエストゥッド
Translator	監訳　伊藤守／訳　コーチ・エィ　二宮美樹
Book Designer	遠藤陽一（DESIGN WORKSHOP JIN Inc.）
Publication	株式会社ディスカヴァー・トゥエンティワン 〒102-0093　東京都千代田区平河町2-16-1　平河町森タワー11F TEL　03-3237-8321（代表） FAX　03-3237-8323 http://www.d21.co.jp
Publisher	干場弓子
Editor	藤田浩芳　（翻訳協力：吉田早苗、株式会社トランネット）

Marketing Group

Staff	小田孝文	中澤泰宏	片平美恵子	吉澤道子	井筒浩	小関勝則
	千葉潤子	飯田智樹	佐藤昌幸	谷口奈緒美	山中麻吏	西川なつか
	古矢薫	伊藤利文	米山健一	原大士	郭迪	松原史与志
	蛯原昇	中山大祐	林拓馬	安永智洋	鍋田匠伴	榊原僚
	佐竹祐哉	塔下太朗	廣内悠理	安達情未	伊東佑真	梅本翔太
	奥田千晶	田中姫菜	橋本莉奈	川島理	倉田華	牧野類
	渡辺基志					
Assistant Staff	俵敬子	町田加奈子	丸山香織	小林里美	井澤徳子	藤井多穂子
	藤井かおり	葛目美枝子	竹内恵子	清水有基栄	小松里絵	川井栄子
	伊藤由美	伊藤香	阿部薫	常徳すみ	三塚ゆり子	
	イエン・サムハマ		南かれん			

Operation Group

Staff	松尾幸政	田中亜紀	中村郁子	福永友紀	山﨑あゆみ	杉田彰子

Productive Group

Staff	千葉正幸	原典宏	林秀樹	三谷祐一	石橋和佳	大山聡子
	大竹朝子	堀部直人	井上慎平	松石悠	木下智尋	伍佳妮
	賴奕璇					

Proofreader	文字工房燦光
DTP	株式会社RUHIA
Printing	中央精版印刷株式会社

ISBN978-4-7993-1816-4